U0905858

不懂提问你怎么做销售

[美] 保罗·谢里（Paul Cherry）◎著　陈瑾◎译

Questions That Sell

图书在版编目（CIP）数据

不懂提问，你怎么做销售 / (美) 保罗·谢里著；陈瑾译. -- 北京 : 北京联合出版公司, 2019.4

ISBN 978-7-5596-3011-7

Ⅰ.①不… Ⅱ.①保… ②陈… Ⅲ.①销售－语言艺术－通俗读物 Ⅳ.①F713.3-49

中国版本图书馆CIP数据核字（2019）第047974号

著作权合同登记号　图字：01-2018-8725

不懂提问，你怎么做销售

作　　者：（美）保罗·谢里

译　　者：陈　瑾

总 发 行：北京时代华语国际传媒股份有限公司

责任编辑：宋延涛

封面设计：红杉林文化

版式设计：胡玉冰

责任校对：韩　雨

北京联合出版公司出版

（北京市西城区德外大街83号楼9层　100088）

北京富达印务有限公司印刷　新华书店经销

字数180千字　880毫米×1230毫米　1/32　7.5印张

2019年4月第1版　2019年4月第1次印刷

ISBN：978-7-5596-3011-7

定价：49.80元

推荐语

《不懂提问，你怎么做销售》将向你传授克服销售难题的秘诀。阅读这本书能够帮助你提升与客户商谈的水平，实现更高层次的交流。同时，学习并消化书中的观念能让你在竞争中立于不败之地。更重要的是，你不仅能学会如何巩固与现有客户的关系，还能懂得怎样赢取潜在客户的信任。要做到这一切，你只需要问对问题。本书将告诉你具体该如何去做。”

——里克 · 法雷尔（Rick Farrell）

Tangent Knowledge 公司总裁

《不懂提问，你怎么做销售》这本书不仅鼓舞人心，而且富有成效。书中丰富的内容资源可以立即转化为实际行动，销售人员可以利用这些行之有效的方案促使客户采取行动。全书让我印象最深刻的内容是，如何通过这些提问技巧把向客户销售产品转变为向客户传递价值，而价值恰恰是客户的真正需求。最重要的是，这本书能够帮助我们大幅度提高销售能力。”

——安德鲁 · 弗思（Andrew Firth）

Arrowquip 公司总经理

《不懂提问，你怎么做销售》可以让我们变得比现在更成功。我们可以有别于对手，更好地了解客户，量化销售机会，并且证实我们创造的价值。因此，我们的前途也将不可限量。

——马克 · 巴塞尔（Mark Barthel）

Springfield Electric 公司总裁

我认为阅读这本书是我人生的分水岭，它揭示了那些阻碍我发展的个人积习。询问客户恰当的问题让我放下了原有的动机——

期望被客户视为专家或者渴望被客户喜爱。书中提出的销售模式说明，让客户开口说话才能使其放松，而客户只有放松了才可能吐露自己真实的动机、需求和困难。如果你的问题是有说话强迫症，爱讲故事，或是需要向客户证明你的价值，那么我真心建议你好好阅读这本书。本人从事专业销售工作15年，其间也参加过无数的销售培训及指导，现在看来我唯一欠缺的就是这本书。

——亚当·达菲（Adam Duffy）
Avantik公司销售总裁

聆听别人说话既是一项技能，也是商业成功的一门艺术。但是，我们需要提出好的问题才能推进、引导谈话。保罗在这本书中提出的见解将帮助你提出更多有分量、有影响力的问题。你不仅要阅读这本书，更重要的是你要运用书中的理念和技巧。

——比尔·谢尔比（Bill Shulby）
企业增长战略家及变革家

与保罗共事是一段让我难忘的经历。《不懂提问，你怎么做销售》针对我们销售的流程提出了深刻见解，会对我们未来的销售工作产生巨大影响。

——达里尔·托德（Daryl Todd）
Front Line Machinery公司总经理

作为千禧一代的销售人员，《不懂提问，你怎么做销售》为我提供了完成整个销售流程的方法论——不论是与潜在客户更好地交流，应对客户的异议，还是完成交易的终极目标，本书提供的框架可以让销售人员将作者的观念融入他们各自的销售风格当中。不论你是刚踏入销售行业的新人，还是已经战果累累的销售老手，这都是所有销售人员必须要读的一本书。本书提供的方法既能让你与客户建立真情实感，又能保证公司持续盈利。

——乔纳森·琼斯（Johnathon Jones）
Embracing Adversity作者

《不懂提问，你怎么做销售》真是一本让人意想不到的书。之前我总以为自己非常擅长提问和倾听。但是读了这本书之后，我对提问有了一个全新的认识。之前我经常听别人说提问能引导对话，但只有这本书清楚地展示了该如何去做。在这本书中，保罗·谢里结合例子和故事介绍了不同的提问方式。而这些提问方式既能让销售人员和客户建立互助的关系，还能让双方都获得信息和好处。当我自以为对客户的情况了如指掌时，《不懂提问，你怎么做销售》总会提醒我越是这种时候越要提问。这本书教会我要抛弃成见、保持中立，才能最终达成目标。

——谢拉·米尔森（Sheella Mierson）
Creative Learning Solution 公司总裁

我认为关于提问的书我都读过了，《不懂提问，你怎么做销售》是最好的一本。保罗比我知道的其他任何人都了解什么是好的问题及怎么样来提出好的问题。我把这本书推荐给我们所培训的每个人，因为这本优秀的参考书所提倡的都是他们要学习并提高的。这是一本每一名销售人员都应该读的书。

——杰里·阿库夫（Jerry Acuff）
Delta Point 公司首席执行官

这是一本十分有价值，深入客户需要的书。这本书将让你和你的销售团队拥有有力的想法，与客户建立情感联系，带动销售增长。无论什么样的销售风格，《不懂提问，你怎么做销售》都会通过更好更高效的问题提升你的表现，从而实现更大的销售业绩成功。”

——乔恩·韦伯（Jon Webb）
National Accounts 总监

致谢

这本书献给我的妻子，克莱尔，她每天都鼓舞和激励着我。献给我的女儿们，布鲁克和麦肯齐，她们让我在生活和工作中保持平衡。献给我的母亲，她有能力和她遇到的任何陌生人交往。献给我亲爱的朋友，帕特里克·康纳，她是一位出色的老师，并为我提高了做到最好的衡量标准。献给大卫·拜尔斯，他是我发展事业的宝贵财富。以及迈克尔·博伊特，他做了一件了不起的工作，精心梳理和完善了我的想法，在我写作这本书中发挥了关键作用。非常感谢你们所有人。

CONTENTS

目　录

第三章　管理商机：审核客户的过程

第四章　让客户开口：延展式和对比式提问

第五章　你是销售顾问还是产品贩子？教育式提问

第六章 把控谈话节奏：锁定式和影响力式提问

第七章 展望未来：愿景式提问

第八章 应对“如果……？”拖延和异议

第九章　整合提问技巧

第十章　结　语

引 言

这种观点是否似曾相识？

“世界正在以前所未有的速度发生着变化，我们作为销售人员必须不断适应新环境。在当前的形势下，客户并不愿意花过多的时间与销售人员建立关系；他们想要的是如何花最少的钱得到最快、最简单的解决方案。科技的进步让世界发生了翻天覆地的变化，由于能够和全球的企业做生意，客户不再需要专业的销售人员。相反，他们能够通过互联网或者每天不断打来的销售电话迅速获取信息。作为一名销售人员，与其努力成为客户的朋友，倒不如开门见山、为客户提供最优的交易条件，否则只会错失良机。”

上述观点具有误导性。认为当前世界与20世纪80年代或者50年代，甚至20世纪初完全不同，这种想法荒谬至极。

戴尔·卡耐基在 1938 年的著作《人性的弱点》(*How to Win Friends and Influence People*）现在依旧是书店里的畅销书。如今我们使用的科技或许和二十年前有所不同，但是做生意的人并没有改变。即便读过这本书后你忘记了所有的内容，但请务必记住一点：不管在什么年代，人的本质不会变。

回顾历史，我们会发现每个年代的人都曾经以为他们改变了整个世界。汽车发明之后，所有人都觉得生活和人际关系会因此彻底改变——同样地，在电力、电视机、飞机和电脑出现时，大家也抱着相同的想法。人们一度认为汽车的出现会导致人际关系的破裂，原因是有了汽车他们就可以驾驶到数百公里之外，远离家人和朋友。但最终的结果是，人际关系依旧重要，而且我断言这一点在将来也不会改变。

我为什么会发表如此大胆的言论呢？凭借多年的销售和咨询经验，我发现世上有两种类型的人际关系：泛泛之交与深厚之交。泛泛之交见面不过是聊聊天气、高尔夫以及一些不痛不痒的话题，这种人际关系只限于日常交往，缺乏深度。举个例子，比方说你遇到一个客户，恰巧对方和你是一个学校毕业的。在这样的巧遇下，你们会花上几分钟回忆校园生活、共叙校友情谊，但这种交流不足以改变你们做生意的方式。第二种人际关系是深厚之交，这种关系的特点是互利互惠。

我让那些来参加我的研讨会的销售人员谈谈如何看待关系一词，通常他们给出的描述中会包含信任、友善、诚实以及理解之类的词语。在培养与潜在客户的关系时，如果销售人员能够顾及这些方面，的确是令人钦佩，但这样做并不能满足大多数客户的需求。在被问及如何定义商务关系时，客户的答案是销售人员能否为他们的公司创造价值。盖洛普公司（Gallup Organzation）曾开展过一项由25万名专业销售人员参与的大型研究，本森·史密斯与托尼·鲁提格里安诺在《发现你的销售优势》（*Discover Your Sales Strengths: How the World's Greatest Salespeople Develop Winning Careers*）一书中发布了该研究的结果。他们发现，具备良好的社交技能与成为一名成功的销售人员，这二者之间即便有关联，也是微乎其微的。对此我并非是在主张社交技能对销售人员不重要——恰恰相反，成功的销售人员需要社交技能。但是，发展重要的人际关系并非只是表现友善那么简单。要想建立真正的商务关系，你需要了解客户的愿景、诉求、担忧以及动机，同时这也意味着你要问对问题——提出能够吸引客户的问题，并将对客户的热诚付诸行动。

与客户建立了这样的关系后，作为销售人员你所关心的将不单单是赚钱或者完成交易；相反，你会想要在以下三个方面帮助客户。

1. **使客户的风险最小化**。要想做到这一点，你就要打消客户的疑虑，让客户不必担心花费过高或是产品出问题；你要确保客户在购买你的产品后能够信心满满。如果买了你的产品客户便可高枕无忧，那么将来他还会愿意继续和你做生意。

2. **提高客户的竞争力**。和所有的商人一样，客户肯定也想要在事业上更进一步。如果你的产品能够为客户在同事面前争得面子，帮助他们获得晋升，那么在今后的谈判中你也会多些筹码。

3. **帮助客户达成目标**。能够提供解决方案，从而为客户增加收益或者降低成本的销售人员是别人无法替代的。如果你能帮助客户实现推动公司发展的目标，那么你便不再只是一名销售人员，而是成了客户的重要伙伴。

上述情况存在哪些共同点呢？在每种情况下，为了与客户建立关系，作为销售人员你一直在为自己争取一席之地，努力做出成果。与客户之间的深厚交情不是平白无故便能获得的，销售人员不仅要兢兢业业，还要明白成功的关键在于创造出客户眼中真正的价值。

很多年来，那些所谓的销售专家到处鼓吹关系的价值，却从未有人定义过什么是关系。他们中的大多数人宣称，要想推进业务，销售人员只需要与客户建立“友善、诚实和信任”的关系。虽说这样做能够培养与客户的友谊，但却不一定能够建立成功的销售关系。客户要的不是“交朋友”，他们要的是成果，而只有深厚之交才能带来这些成果。

这些提问真的有用吗？

作为一名咨询顾问，我服务的对象大多数是在企业对企业领域从事产品和服务销售的工作人员。这意味着两点：首先我向你传授的是经过了美国数千名顶级销售员验证的方法；其次这些方法虽然奏效，但需要你耗费时间和精力去研习。如果你希望与客户建立并维持长久的商业关系，让自己在行业中变得与众不同,那么我的建议肯定会让你受益匪浅。

一名出色的销售人员不仅要做行业专家，还必须愿意担负“商务心理医生”的角色。我所说的“商务心理医生”究竟是什么样的人呢？这个人要善于发现潜在客户对工作的不满。如果能让潜在客户说出令其恼火的事情，销售人员便能有机会让客户意识到他们需要改变，需要向销售人员寻求解决方案。比方说，潜在客户经常遇到的困难包括工作时间长,上司过分苛责,或是供应商总是不能按时送货。充当“商务心理医生”的销售人员，通过问对问题、聆听客户的倾诉就能发现这些苦恼。一旦销售人员赢得客户的信任，并且愿意聆听客户的心声，潜在客户就能更加安心地说出自己的烦恼，同时向销售人员求助。

为什么要提这些问题？

运用这些技巧你便能够问出更加有效、让潜在客户更感兴趣的问题。更好的问题能够：

- **鼓励潜在客户开口**。要想做到这一点，你需要克制自己的冲动，不要将自己对产品和行业的了解向客户全盘托出。与其这样做让潜在客户厌烦，倒不如向客户提一些着调的问题,聆听对方的回答,从而使其向你敞开心扉。《人性的弱点》一书的作者戴尔·卡耐基提到，在和另一个人相处的十分钟内，如果你能够表现出对对方的兴趣，而不是花六分钟的时间谈论自己，那么你就能让对方印象更加深刻。问对问题能让潜在客户感到自己很重要。

· **从竞争者中脱颖而出**。研究表明，90% 经验丰富的销售人员不知道如何提问或是问对问题。如果你学会了问对问题，自然就会脱颖而出。

· **表现对潜在客户的同情**。通过为自己塑造一个愿意倾听客户困难和烦恼的形象，客户自然会渴望与你交谈。在社会上，人们一谈到问题就会变得不耐烦——通常我们想要立即得到解决方案。但是，你的潜在客户在承认自己需要帮助之前，首先要意识到并且理解自己的问题，只有营造一种能让客户感到你理解他的氛围，你才能获得那些你本来无从知晓的信息。

· **帮助潜在客户意识到自己的需求，从而做出判断**。即使潜在客户的问题在你看来很明确，但是你也不能直接告诉他这个问题是什么。你需要引导客户自己发现问题，这样他才会向你寻求解决方案。即使潜在客户清楚自己的问题，他们也需要你通过恰当的提问，让问题浮出水面。客户在面对这些问题时的懊恼和其他情绪会促使其采取行动，但这一切的前提是你能够有技巧地提问，发现客户的顾虑。

· **促使潜在客户认识到采取行动的重要性**。一旦潜在客户发现了自己的问题，他将会毫不犹豫地讨论可能的解决方案。实际上，客户会迫切地谈论你如何才能够帮到他，原因是他意识到了自己必须改变现状。

· **发现企业的采购机制及其内部决策者**。在本书中你即将学到的所有提问技巧，如果用错了对象，它们也不会起到任何作用。通过恰当地提问、鼓励潜在客户开口，你才能发现谁是真正的决策者，以及公司做采购决策的具体机制。如果不了解这些，一切建立关系的技巧都是空谈。

找出可能阻止潜在购买的一切障碍。恰当地提问能够让你明白潜在客户的忧虑，摸清他对购买产品存在的顾虑。

我对你有哪些期望?

建立真正的关系既耗费时间也耗费精力。你应该将自己的销售技能想象成一个工具箱,原本箱内就有一些基本工具。当你学会本书所呈现的各种提问技巧后，你的工具箱中会增加新的特殊工具。一旦有了新的工具，你必须牢记如何正确使用它们。举个例子，如果你要用大锤拧螺丝，不但不会成功，还有可能在操作时毁掉一面墙。与其拿起工具就用，倒不如花些时间判断局势，制定出最优的行动方案。如果在运用本书中的对策时，你只是敷衍了事，那么效果也不会好，不同的提问技巧需要依照客户和销售人员的具体情况加以运用。一旦你熟练掌握这些技巧，看到自己的努力开花结果，你会觉得这些时间是值得的、有意义的。

我在书中的每个章节几乎都列出了练习。这些练习将巩固我分享的技能，让你在实操之前完善自己的提问技巧。因此完成这些练习对你至关重要，否则你将无法融会贯通这些技巧。此外，要想一口气吃透所有的内容是极其困难的。因此我建议你每次只读一章的内容，完成相应的练习。之后再回过头来读一遍，确保你能够彻底明白如何使用不同的提问技巧，以及何时使用这些技巧。如果你能花时间掌握如何通过提问让对方开口，我保证你将取得难以想象的成功。

本书将解决哪些问题？

作为专业的销售人员，你将在本书中找到解决日常问题和困难的方法。以下是我将在各个章节讨论的一些最常见的问题：

“我找不到门路。”

“潜在客户急于咨询信息，却不愿意立即行动。”

“客户说看重我们的服务，却期望价格再低些。”

“我觉得自己将太多的时间浪费在了不可能达成的交易上。”

“我被推去与非决策人员打交道。”

“眼看就要签约，但到了紧要关头总是出状况。”

“尽管我接触的潜在客户都表示没有寻找新供应商的意愿，但我知道他们对现有的供应商并不满意。”

“我似乎总是找不到对的人。”

“我的业务陈述得不到重视。”

“客户总是说公司目前没有采购的预算。”

你能从本书中学到什么?

从根本上说，本书将告诉你如何让客户开口。销售人员通常不敢让客户开口，因为他们担心客户会偏离谈话的主题，从而让自己失去控制，最终错失销售机会。这样的想法简直错得离谱。客户其实掌握着非常多的信息，他们也很想吐露这些信息，但关键是销售人员要给客户说话的机会！当你使用提问技巧让客户开口时，你会发现自己既能让客户发言，又能把握谈话的节奏。研究表明，在一般的商务交往中，客户只会说出 20% 的想法；作为一名能够吸引客户的销售员，你的责任就是获取剩余 80% 的信息。运用我的提问技巧后，你就能够得到这些信息，从而为客户量身制作超越他们期望的解决方案。

首先，本书将让你评估对潜在客户提出的典型问题。研究这些典型问题，你会发现很多并不能达到理想的效果。通过这一练习，你会丰富自己的技能储备，掌握新的提问方式，这样做不仅能让客户开口，还能让你从众人中脱颖而出。我在本书中提到的所有提问方式，都能让你与客户更好地沟通。同时，它们也能帮助你与客户建立良好的商业关系，提高回头率。

本书的核心在于，我坚信如果销售人员能够表现出对客户公司及其本人的兴趣，客户也将热诚地做出回应。正如我在书中多次提到的一样，表现对客户的兴趣并不意味着你要和他闲谈，说一些关于体育、天气或其他老套的话题。相反，你需要培养与客户之间真正有价值的关系，确保客户的需要都能得到满足。要做到这一点，你必须学会聆听客户诉求，发觉他们的心声。有时你只要坐着听客户抱怨你们公司的服务质量或者送货速度就行。在其他时候，你可能要深入个人层面，比方说了解客户的希望和梦想。某些情况下，你还有可能知晓客户与上司之间，或者企业各部门之间的纷争。尽管这种交流会让你精疲力竭，但是通过这种方式建立的交情很深厚，它能让你们的关系不受企业人事变更与技术更新的影响。如果你肯花时间和精力与客户建立这样的交情，那么成功是迟早的事。

第一章

无聊还是有趣：你的提问是否达标?

你或许已经积累了一些会在电话销售中问到客户的问题。这些问题通常包括：

· 你是否听说过我们公司？

· 我们能为你提供什么帮助？

· 目前你的供应商是哪家企业？

· 你和现在的供应商合作多长时间了？

· 你一般的需求量有多大？

· 你的目标是什么？

· 你目前支付的费用有多少？

· 如果我能以低廉的价格为你提供相同/相似/更优质的解决方案，你会怎么做？你对此有兴趣吗？

· 贵公司有购买预算吗？

· 你何时会有更换供应商的想法？

· 你是决策者吗？

· 我该如何为你撰写一份商业提案呢？

如果在与客户的商谈中，你问到了以上所有的问题，可能你会自我感觉良好，因为你知道了潜在客户目前产品的使用状况、具体规格，以及他们的喜好等重要信息。但是对于客户来说，你问的问题和其他销售人员没什么两样，你的这通电话并不能让你从其他竞争对手中脱颖而出。

你通过这次电话沟通受益，因为你获得了之前并不知道的信息，但是潜在客户没有获得任何好处。大多数的销售电话只是在让客户重复已知信息。因此你的提问会让客户感到很无聊。他们很可能会这样跟你说：“要不你先留一下产品手册，等我有时间看完再回复你？”

销售人员 = 问题解决者

销售人员都自诩是问题解决者，但其中大多数人从来不会让客户自己描述他们经历的难题，更别说询问客户自身因此受到了哪些影响。倘若销售人员不提出这类问题，客户就没有机会去敞开心扉、倾诉苦恼。要想摆脱这一困境，销售人员就要学习如何让客户真的感兴趣。

实际上，任何一名销售人员都能搜集到信息。但出色的销售人员却能够调动潜在客户的情绪，发现他们行动的动力。遗憾的是，大多数销售人员不知道如何鼓励客户行动起来。他们要么是害怕触动真感情，要么是不知道调动完情感后该怎么做。尽管你常用的问题清单或许能帮你得到足量的信息，但是本书中提到的提问技巧会确保你收集到交易所需的全部信息。

提出好问题并不能确保有好的结果。有时潜在客户还没有准备好承认自己需要帮助，有时客户又并不需要你的服务和产品。然而，问对问题能够让销售人员尽早看清问题，为每个潜在客户制订正确的行动计划。

练习 1

花点时间写出你初次给潜在客户打电话时通常会问的问题。试着尽可能多地列出问题。

练习 2

联系一位潜在客户，并询问你清单上的一些问题。记录你问了哪些问题，以及打电话时你说了多长时间。如果你能录音，不妨录下整个对话，录音会帮你避免过高评价你在通话过程中的表现。通话结束后，你要迅速考虑下列问题：

1. 你问了哪些问题？

2. 通话大概持续了多长时间？

3. 你讲话的时间有多长？

4. 你是否发现自己说得太多？

5. 你的提问主要满足了你的需求还是潜在客户的需求？

6. 通话结束后，你是否能意识到潜在客户目前面对的困难？如果能，这些困难究竟是什么？

7. 你是否知道这位客户未来的发展目标？如果知道，那么他的未来愿景是什么？

8. 通过这次交谈，你是否能从其他销售人员中脱颖而出？如果是这样，请详细说明你的问题是怎样使你与众不同的？

9. 相比打电话之前，你是否离达成交易更近了一步？

10. 潜在客户是否对你做出了承诺，表示要有所行动？如果是这样，客户是如何承诺的？

11. 打完电话后，你觉得自己给客户留下了怎样的印象？

既然你已经检验了自己在清单上列出的问题，那么接下来请公正地对自己在通话中的表现做出评判。或许你会发现自己的提问技巧在某几个方面有待提高。一旦你认识到自己需要对问题稍作调整时，接着你就需要加深对客户的了解。只有搞懂客户心里想什么，你才能问对问题，获得优质信息。而要想做到这一点，你必须了解客户的背景，知道怎样才能打动他。

对客户行为的影响

作为专业的销售人员，你明白公司的决策从来不是由一个人完成的。公司设有一系列的防护机制和措施，以确保在做出某项决策前，公司能够综合考虑所有可能的因素。尽管这种做法对公司有好处，但却令销售员的任务更加艰巨。在这一机制下，你的潜在客户需要向很多人打报告，比方说他的老板、其他部门的负责人、团队成员、股东和董事会成员，甚至于依靠该公司的产品供应商。

潜在客户考虑的是什么

和你一样，你的潜在客户也想要改善自己的生活水平，提高自己在公司的地位，同时获得他人的认可。你只有走进潜在客户的世界，了解他们生活的动力，你才有可能与他建立成功的伙伴关系。图 1 显示了在决定是否与你合作时，潜在客户必须要考虑的一些因素。

图 1 所示的那些人都是谁？“内部客户”类别包括老板、董事会成员、同事和其他部门的同事。内部客户不仅限制了潜在客户的预算，他们甚至还可能阻碍交易的达成。内部客户有各自的动机——而你则需要在推动销售的过程中尽快摸

清他们的动机。很多时候这些动机相互矛盾，甚至还会使公司内部同事发生争执。如果你可以搞清与潜在客户关联的内部客户的动机和顾虑，你就能够缓和局势，从而推动销售。“外部客户”是指那些与潜在客户有业务往来的人员。他们是你的潜在客户想要取悦的人，因此你要努力获得关于外部客户尽可能多的信息，这会帮助你更好地理解潜在客户的行为动机。处在经营和高级管理岗位的潜在客户必然更想知道你的方案将如何改善他们与外部客户的业务往来。

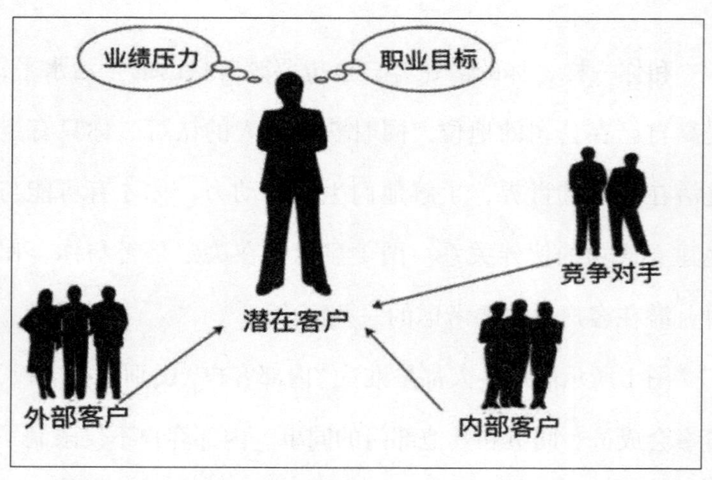

图 1　影响客户购买决策的因素

影响潜在客户的因素

潜在客户同时也很关心竞争对手的一举一动。根据所处岗位的不同，潜在客户对超越对手这件事的关切程度可大可小。举例来说，如果这个人是公司的董事长，显然提高公司竞争力会是他的重中之重；他肯定想要让公司与众不同。可是，如果你是向信息技术部门的负责人销售软件，那么他可能连竞争对手会怎么做的念头都没有。不管是哪种情况，作为销售人员，你最要紧是摸清内部客户、外部客户和竞争对手对潜在客户有多大的影响力。

影响潜在客户行为的另一个因素是“职业目标”以及个人动机。既有想要成为副总裁的主管，也有想要拓展海外市场的董事长——你的每位潜在客户都有各自的愿景和梦想。只有准确地了解他们的愿望，你才能成为“问题解决者”——即能够帮助客户达成心愿的人。

影响潜在客户的最后一个因素是日常的“业绩压力”。业绩压力来自利润、损失以及生产成本的问题，这些问题影响着众多工薪阶层的日常生活。一名销售人员若是能够洞悉潜在客户的这些压力，他便能够迎合客户对于满足预算、增加收益以及控制成本的需求。

***

本书中呈现的技巧将帮助你提出对的问题。今后通过询问潜在客户少量的问题，你就能获取大量的优质信息。这些提问技巧会使你变得与众不同，有别于行业内的其他销售员。读完本书后，你会掌握一切你所需的提问技巧，并且依据你所在的行业对问题进行调整，最终赢得更多客户的青睐和尊重。

第二章

了解潜在客户

培养任何一种关系都是一个费时又费力的过程。若是硬要拔苗助长、人为地控制关系的发展，势必会产生事与愿违的结果，甚至导致当事的一方或者双方选择结束这段关系。这个道理不仅适用于商务关系也适用于人际关系。为了赢得客户的信任并成功完成交易，作为销售人员你必须花时间经营与客户的关系，而要做到这一点，你就得向客户及潜在客户提出恰当的问题。但是，与问对问题同样重要的是，你要耐心聆听客户的回答，从中抓取能为你所用的信息。这样做可以培养潜在客户对你的信任，而信任则是建立有价值的商务关系的基石。在这一章，你将学到该从哪几个方面重点了解客户。

在电话销售之前必须准备好一份提问清单。因为在制定销售策略之前，你要决定哪些信息才是你需要的。每次在与客户商谈之前，你都应该做好功课。例如，你可以上一些像谷歌、雅虎或者 MSN 之类的主流搜索引擎，查询潜在客户的个人简历及业务状况。你还应该考虑通过在线的厂商数据库检索客户信息，比方说胡佛（Hoovers）、邓白氏（Dun & Bradstreet）、领导力图书馆（Leadership Library）、参考美国（Reference USA）、企业科技（Corptech）、数据监督（Datamonitor）、Mergent 环球企业与金融资料库，以及普朗基特研究（Plunkett Research）等。这些资源有利于你了解客户公司的行业地位、财务实力、经营人员的信息和背景、行业走势、竞争对象以及客户群体。若是你能收集更详细的信息，那么你提出的问题就更加贴合客户的状况。

如果潜在客户主动找上门，你该如何应对呢？在这种情况下，你需要准备一些能够让客户说出自己意愿和想法的问题。客户找你到底是为了解决一件紧急事务，还是一时心血来潮，又或者说只是单纯地想利用你敲打当前的供应商呢？

第一次商谈

你想初次见面就给客户留下一个好印象，那么在商谈的前 5 分钟你该怎么做呢？如果潜在客户对你知之甚少，你能否一上来就提问呢？你要如何介绍公司，才能不让客户觉得你是在向他推销产品呢？这些都是你要思考的重要问题。

当提到与潜在客户建立关系时，你想的是尽快取得对方的信任，为销售做好准备；而客户可能想的是“我为什么要跟你浪费时间？”。下面的两步处理法会帮助你顺利地推动谈话，轻松过渡到提问阶段，同时让潜在客户敞开心扉。

1. 介绍和寒暄

2. 会谈的意图

步骤 2 是让你在 60 秒甚至更短的时间内说出让客户感兴趣的话。有些人管它叫“电梯游说”，原因是在潜在客户决定是否继续和你交谈前，你只有很短的时间抓住他的注意力。

你如何才能将大脑中全部的销售信息压缩成 60 秒的商

业演说，同时又让客户想要继续听你说下去呢？首先你要在前 8 秒简述公司业务，或者突出公司的亮点从而吸引客户。之后你可以介绍一个近期的客户成功案例。讲故事容易让客户产生共鸣，而且最好你讲的故事能触动客户的情感。你务必要确保你选的故事既恰如其分，又短小精悍，同时还内容务实（也就是说你要告诉客户具体的金额、比例或数值）。

下面是一个不错的开场白：

销售员：你好，我叫保罗·谢里（在介绍自己的同时与客户握手），来自 Performance Based Results 公司[①]。（几句寒暄后，我话题一转）咱们正式开始前，我想用 60 秒的时间介绍下我们公司的情况和业务，不知你意下如何？

潜在客户：可以，你说吧。

销售员：Performance Based Results 公司是一家销售培训公司。我们合作过的企业超过 1200 家，我们公司的宗

① 这是由本书作者保罗·谢里创办的公司，专注于企业对企业销售技巧的培训。

旨是帮助客户通过提高销售来改善净收益。举个例子，我们目前正在与医疗器械行业的一家知名企业合作（选择潜在客户所在的行业或者相关行业），该企业找到我们是因为担心新产品的销售周期过长。为此我们为客户的销售团队制定了培训计划，专门讲解与销售业绩相关的关键行为。6个月后，客户的销售周期缩短了一半，并且他们认为超过1000万美元的收益是我们销售培训的结果。

我们的培训方法是否适合贵公司，目前我还不确定。如果可以的话，我想要问几个问题，更好地了解贵公司的目标，这样我也可以判断我们的解决方案与贵公司的目标是否匹配。

做到短小精悍很重要。一个出色的介绍要有金额、数字或者百分比说明成果。此外还要抓准客户的情感和欲望，比方说克服困难或者取得更大的成功。98%的潜在客户会对这两者中的一个感兴趣。

做完介绍后，你要克制住销售的冲动。实际上，懂得踩刹车是很重要的。有些人把这种做法称为“逆反心理学”，但是如果你露出着急销售的样子，你的潜在客户会注意到这个细节，从而对你有所戒备。

让第一次商谈顺利进行的三个建议

1. 开场要问简单的热身问题。如果不是潜在客户自己提出来，开场的时候尽量不要问一些尖锐的问题。尽管有些销售员会询问天气、运动、爱好或者潜在客户办公室内一个熟悉的物件，但是滥用这些方法既浪费你的时间也浪费客户的时间。热身问题要有开放性，范围广，最主要的是要让潜在客户谈谈自己。

经典的热身问题

·“你在这家公司工作多长时间了？你进公司后职责有过哪些变化？”

·“你最喜欢自己工作的哪个方面？”“最不喜欢的呢？”

·“如果让员工（团队成员、同事、老板等）用5个以内的词形容公司，他们会想到什么？”（聆听客户给出的词语，然后做出回应，“× × 是个不错的词语，你能具体说说是怎么回事吗？”）

·“如果让公司最忠实的客户给出与你们合作的理由，你觉得会是什么呢？”

根据潜在客户对热身问题的回答，你将能在极短的时间内深入了解客户的兴趣、个性、想法，对所在公司的看法以及企业文化。

2. 记录潜在客户给出的信息。趁你还没忘记前要记下所有重要的信息。我倾向于记下某些关键词以及客户潜在的情绪。记下这些词后，你就能更轻松地返回这一话题，让客户给出具体的解释。

3. 摒弃你对潜在客户及其问题的假想。为什么人们会说销售新手有好运气呢？我记得曾与一位销售人员共事，此人的工作是在复杂的销售环境中出售高科技设备。他只干了 6 个月，却完成了公司历史上最大额的订单。当别人问他成功有什么秘诀时，他坦言自己并不太了解公司产品。为了掌控销售流程，他做的只是问大量的问题。

这算是新手的运气吗？我并不这么认为。更有可能的原因是他对客户本人、客户的问题以及产品没有主观臆断。相反，好奇心促使这个人问了那些有经验的销售员可能会一带而过的问题，有经验的员工会觉得不问也没什么，因为他们已经知道了答案。

销售人员的胜负心强——正因为如此，他们才能胜任这样一份有挑战性的工作。但是同时，胜负心强的人容易着急说话，发表自己的观点和想法。我要告诉你一个秘密：你的客户和你一样热衷于说话！如果你的问题能够打开客户的话匣子，你就更有可能知道如何满足他们的需求。

关于过去和（外部）客户的提问

很多销售人员不会询问客户过去发生的事。有人认为去年甚至上个月发生了什么无关紧要。他们告诉我，“你改变不了过去，对吗？所以你何必要问过去的事呢？”每次销售培训的时候，我都会让销售人员写下他们经常会提问客户的典型问题，既包括首次电话销售，也包括续签合同时会问到的问题。无一例外我听到的答案是，90% 的提问都是关于客户当前的状况。只有部分问题涉及客户的未来，而关于过去的问题几乎没有。即使有也通常是热身问题，比方说“你在公司工作多长时间了？”。

询问客户过去的状况有利于摸清他的偏好、动机和行为。设想你正在面试一位候选人，你肯定不会重点询问他的现状和对将来的计划。你更想知道的是他过去有哪些经历，取得了哪些成绩，以及他是如何抉择的。了解潜在客户也是同样的过程：你在面试他们。

询问过去的状况能够让你知道如何更好地向客户销售。同时询问过去还能使你清楚客户的过往，了解他们之前遇到的问题，问题的困难程度及后果，涉及的人员，与之前或现任供应商的关系，关系的强度，以及他们经历的任何企业变革、趋势或竞争压力。你能从对客户过去的了解中获取你所需的全部信息。因此你为什么不多用点时间询问客户的过去呢?

下面是一些关于客户过去状况的提问：

· 你觉得公司在创业初期的状况与目前有什么不同?

· 你最初选择这家公司的理由是什么？你刚来公司时有哪些期望，目前这些期望发生了什么变化？

· 你入职以来遇到了哪些大的困难？

· 你能否告诉我你所在的部门近期有哪些变化？这些变化给你带来了哪些机遇和挑战？

· 回顾你的职业生涯，让你最有成就感的事情是？

· 近期最棘手的项目是哪个？

· 如果能重做这个项目，你会有哪些改变？

· 过去的供应商在哪些方面让你满意，哪些方面让你不满意？

· 你能否举例说明近期你在遇到 ×× 问题时是如何处理的？

· 你觉得过去五年内行业的发展趋势是什么？针对这一趋势，你要采取哪些措施？

你拜访的潜在客户当中，有多少人对他们面对的问题一无所知？有多少人还处在洋洋得意的状态中？有多少人正在垂死挣扎？又有多少人心里想着等一阵子问题没准就自然消失了？

我热衷于发现问题，因为问题中蕴含着机遇。你要牢记，比起追求享乐，客户更着急解决问题。这意味着，你应该随时挖掘问题。人们在日常生活中太繁忙，没有多余的时间或精力退一步考虑、评估当前的状态，因为他们要为生活奔波，分身乏术。这就是为什么伟大的销售人员明白成为值得信赖的商业顾问，帮助潜在客户评估现状、防患于未然才是他们的重中之重。

我们都喜欢站在原地不动，这是人的天性。但是作为销售人员，我们需要提出恰当的问题，打开潜在客户的思维，引导他们认识故步自封的害处。但是，你不能直接告诉潜在客户他们的问题是什么，而是要让客户回答问题，进而反思自己的答案，最终再发现问题的所在。下面是一些有利于揭示问题的提问：

· 请和我分享一下你遇到的三个最大的挑战。这三个挑战当中，哪一个更加紧迫？

· 你目前遇到的问题是什么？为什么？

· 造成这些问题的原因是什么？你能举个例子吗？

· 你遇到了哪些阻碍？

· 什么方法有用？什么没用？原因是什么？

· 这个问题出现多长时间了？

· 除了你还有谁遇到了这个问题？

· 回想你最初采用这个方法时的情景。你当初的期望是什么？目前你取得了哪些成果？未来你还想取得哪种成果？

· 如果时光可以倒转（或者你能施展魔法），你想要改变什么呢？

· 所有人都要面对改变。目前你 / 你的部门 / 企业经历了什么变化？这种变化带来了哪些挑战？

· 你听到客户抱怨最厉害的是什么事？内部客户（老板、同事、下属或其他部门员工）有哪些抱怨？

· 从 1 到 10 打分，你对目前的产品 / 供应商 / 整体状况有多满意？（根据客户的回答，你可以询问："你刚才打了 __ 分，如果想达到满分，你觉得产品该如何改进 / 供应商该如何努力 / 公司该如何改变现状呢？"）

· 你认为达成目标面临的最大困难是什么？通过评估现状，你觉得哪些方面有待改进？

出乎意料的是，你拜访的客户中并非所有人都关心他的外部客户。除非你的客户与他的外部客户有直接的联系，否则你通常会发现客户对其外部客户的需求要么极不敏感，要么一无所知。发生这种情况，很可能是由于内部客户拥有更大的影响力。这会让你的工作难度翻倍，因为你既要让客户认识到其外部客户的重要性，又要了解外部客户的需求和欲望。下面是你在了解外部客户的情况时可以提的一些问题：

· 你最有价值的客户是哪个？

· 你能否描述一下你的客户的典型特征？

· 你的客户用哪些指标衡量你们之间的商业合作？

· 作为供应商，你的客户对你有哪些要求？

· 在过去的十年间，客户的期望发生了怎样的变化？

· 为了确保满足客户的需求，你采取了哪些措施？

· 客户为什么购买你的产品？

· 你觉得在客户心目中你们公司的优势是什么？

· 客户对你们有哪些抱怨？

· 在合作过程中，客户对你们公司的哪个方面最满意？

哪个方面最不满意？你要采取哪些改善措施呢？

· 你能说明一下盈利客户与不盈利客户之间的区别吗？

你要恰当地选择提问对象。比方说，如果你向采购员提这些问题，他可能会一脸茫然。原因是采购部与公司的外部客户几乎没有联系。因此，在问这些问题时，你要确保提问对象与外部客户有着密切的联系。

瓦解客户与当前供应商关系的提问

在询问客户与当前供应商的关系时，你必须十分谨慎，一定要避免强化二者之间的关系。比方说，你不能问客户，“你喜欢当前供应商的哪些方面？”假设潜在客户对其供应商还比较满意，他就可能会细数对方的优点，这样你的努力就会付之东流。相反，你应该询问潜在客户挑选供应商的标准。这些标准可能涉及服务、配送、质量、周转期或者价格。在摸清客户的挑选标准及其看重的条件后，你还要了解比照这一标准，当前供应商在多大程度上满足了客户的期望。

下面是我在判断客户与当前供应商关系时最喜欢问的一些问题：

· 你能告诉我你心目中理想供应商的特点吗？

· 你的现状与理想状况相比有哪些差异？

· 当初选择这个供应商时，你参照的标准是什么？目前你选择供应商的标准有哪些变化？你觉得在未来会有变化吗？

· 从 1 到 10 打分，你怎么评价与当前供应商的关系？（根据客户的回答，你可以追问，“要怎么做才能从 __ 分达到 10 分呢？”）

· 如果你可以改变现有供应商的一个方面，你会选择改变什么？

· 供应商要怎么做才能更好地达成你的目标？

如果你被动地等待客户决定你们的关系，那么可能客户和别人合作了，你才回过神来。相反，你要主动出击，通过提出下列问题，密切关注客户的状态。

· 和我们合作你最重视的是什么？

· 你觉得我们在维护与你的商业关系中哪些方面做得

不错？

· 我们要怎么做才能帮助你达成目标？

· 我们在哪些方面需要改进？

· 要想取得更大的成功，我们还需要做出哪些改变？

· 如果你可以改善我们关系中的一个方面，你会选择改变什么？

· 在未来的一年，你想看到我们达成哪些目标呢？

· 我们怎么做才能让你轻松一点？

· 你是否愿意向别人推荐我们的产品或公司？如果愿意，你能否说说你会如何描述我们公司？如果不愿意，原因是什么？

· 我要怎么做才能从竞争者手中赢得这笔订单？

很多销售人员不愿意问这些问题。为什么呢？因为他们害怕听到答案。毕竟要是客户表示不满意该怎么办呢？如果客户想要加快周转、加大折扣并且提高质量，又该怎么办呢？你该如何回应呢？你要感激对方，表示出想要满足这些要求的意愿，但同时你也要提出相应的条件。

如果客户希望价格更优惠，你该怎么办呢？你要让客户同意增加订货量。如果客户想要加速周转，你就要要求给这些项目溢价定价，这样客户就会得到他们想要的特殊关照和支持。关系一直都是双方面的，所以不要害怕询问客户如何才能改善你们的关系，你也可以向客户提条件。

如果你早就知道自己的服务或产品很差，你又该怎么做呢？如果是这样，你就没必要问客户了。相反你应该做的是解决问题。如果你做不到，你的竞争对手就会取而代之！

探究行动原因和企业文化的提问

询问“为什么”能够让你理解客户的动机。有些客户采取行动是出于恐惧，有些是考虑到个人利益，还有一些是渴望增加利润。发掘客户的动机能够让你洞悉客户的行为方式。有了这个信息，你才能为客户提供个性化服务。

要想得知客户的动机并不是件容易的事。如果你只是反复地问客户“为什么”，客户很可能会感到厌烦或者生气。下面列出的问题能够帮助你试探并且更好地理解客户的动机。

· 告诉我，你对 × × 感兴趣的原因是什么？

· 导致这种情况发生的原因是什么？

· 为什么需要变革？

· 最初做出这项决定的原因是什么？

· 请详细说明一下为什么会得出这样的结论？

· 你希望取得什么成果？

· 请分享一下，什么促使你做出了决定？

· 这件事为什么对你很重要？

· 你决心采取行动的原因是什么？

· 你实施这项计划究竟为了什么？

· 如果能够达成目标，这对你意味着什么？

· 如果没办法达到目标，你会有什么疑虑呢？达不成目标，对你个人会有什么影响？

"企业文化"的内涵广泛，包括购买决策如何制定，员工如何看待企业，不同部门或母公司子公司如何相处，潜在客户与团队其他成员、老板以及其他部门的关系如何，公司变革要如何提出和实施，等等。

了解客户的企业文化能够让你成为客户董事会中“不被察觉的观察者”。提问能让你清楚企业内部的运行机制，做到防患于未然。

要记住，面对有限的企业资源，员工必须要奋力争取。举例来说，你想帮助客户完善运输系统，但是如果不考虑其他员工对购买决策的影响，你很可能会碰壁。以下是关于企业文化的一些提问：

· 你能详细说明一下公司的决策流程吗？

· 针对这类采购行为，你们公司有哪些流程呢？

· 你认为决策流程进行得如何？

· 你认为决策流程会出问题吗？

· 你如何看待接下来的项目？你的老板、同事、团队其他成员怎么看？董事会成员又怎么看？

· 公司内部会有人阻挠变革吗？

· 我们如何调整信息才能让大家觉得这件事利大于弊？

· 大家如何看待自己的工作？

· 企业内部成员会如何向外人描述公司的氛围？

· 你的下属是支持还是反对变革？

· 如果要变革企业，你会怎么跟员工讲？

· 你们公司在未来有哪些缩减开支的计划？

· 公司内部的各个部门如何协调？

· 公司的组织架构近期是否有变化？

· 你能具体讲讲这些变化吗？比方说，为什么要改变？这些变化的执行情况如何？

· 你如何描述总部和分公司之间的关系？

· 营销 / 人事 / 研发部门是如何创新的？

· 哪个部门在公司做决策时最有发言权？

· 公司如何解决人员分配问题？

· 公司是否存在员工离职率高的问题？

· 员工离职率高是否影响了公司的盈利水平？

· 员工离职率高如何影响企业的培训及雇佣成本？

潜在客户的决策标准

与了解公司的企业文化同样重要的是询问其决策标准。如果你能让潜在客户描述公司在决策时看重的几个重要特征，那么你就能为客户量身打造解决方案。提出这些问题也能让客户想明白，公司挑选供应商或服务要重视哪些方面。

询问企业的决策标准能让客户改变“低价取胜”的思维，更加看重供应商能够带来的价值。每个人看重的价值不同，因此你要询问客户什么对他们最重要。如果你能让客户针对需求说明他们看重的方面，那么你就能更轻松地调整解决方案，以质取胜而不是追求价格为王。以下是关于决策标准的一些提问：

· 你如何衡量现有供应商的成绩？

· 你目前在考虑哪些备选方案？

· 你在选择 ×× 时的标准是什么？

· 价格与服务相比有多重要？与产品质量/实用性/入市时机相比又有多重要？

· 与产品质量相比，实用性有多重要？

· 价格、质量、服务、供货、客户支持以及易用性，对你来说哪个最重要？哪个最不重要？

· 你刚才提到质量很重要，可以分享一下你是如何定义质量的吗？

· 你能举一个产品质量不达标的例子吗？

· 从最重要到最不重要，你会如何排列之前提到的那些标准？

· 假设你找到了三个符合你所有要求的供应商（包括价格要求），你会如何做选择呢？

· 你提到价格、质量和服务是三个重要的标准。那么除了它们，还有哪些标准是你认为重要的？

· 你刚才提到你认为价格最重要。那么相比之下，工程部/制造部/设计部/生产部/营销部/执行部会认为哪个更重要？

· 你如何调查客户，他们会认为什么最重要呢？

· 如果回想一下最初选择这个产品时的情景，你的挑选标准有哪些呢？基于目前了解的信息，你认为这些标准会怎样变化呢？

· 如果考虑未来三年，你认为那时什么最重要？产品的初始价格？还是在购买之后能够对供应商的售后放心？

· 产品的哪些性能对于你来说是不可或缺的？哪些是可有可无的？

· 我们谈到的变革能够提高公司利润。你会把公司增加的可用资金拿来做什么？

· 你认为这个问题有哪些别的解决方案？

· 你告诉我公司购买这个产品的资金是 __ 美元。这个金额是如何决定的？

· 你认为这笔金额足够支撑当前的项目吗？

· 听了我的陈述，你认为提案的哪个方面最好？

· 经过沟通，你对哪个方面还有顾虑？

如果不时常评估竞争对手的状况，没有哪家企业可以存活下去。同样的道理，如果不能敏锐地觉察行业动态，也没有哪家企业可以蒸蒸日上。因此，在服务客户的时候，你应该思考这两个对企业非常重要的方面。

提出这些问题能够促使潜在客户既关注未来，又能批判性地分析现状。这样客户就会反思，“我能否利用现有的资源达成我的目标？”不管答案是什么，通过让客户思考这些问题，你就能为他们提供有价值的服务。以下是一些关于竞争和趋势的提问：

· 你和竞争对手有什么区别？

· 未来三年间，你认为谁会成为你最大的竞争对手？

· 未来三年间，你认为公司最大的机遇是什么？

· 公司产品或服务的哪个优势会让你继续创造辉煌？

· 你认为行业在未来五年的发展趋势是什么？未来十年呢？

· 行业的哪些变化会导致公司市场份额的减少？

· 例如，婴儿潮一代人的老去会如何影响你的市场份额？（你可以利用任何适用的趋势举例。）

· 你的公司如何衡量进步？

· 你是否会计划与其他公司进行合并？

· 你的公司目前如何定位？过去五年内，公司的定位有何变化？再过五年这个定位又会有什么变化？

· 公司的方针发生了什么样的变化？

· 哪些待立法案 / 市场环境 / 竞争威胁 / 地域趋势 / 组织变革会对公司的经营方式产生影响？

· 哪些市场力量是你最关心的？

· 你的公司如何应对市场上的竞争压力？

· 公司要解决或者克服哪些困难才能更上一层楼？你

需要具体采取哪些措施或行动?

· 描述一下公司提高市场份额的目标。哪些方面进展良好? 哪些方面存在问题?

***

在这一章，我们讨论了如何通过向客户提出不同类型的问题，深入了解客户及其需求。很显然，你无法向一个客户提出所有的问题，同时你也不应该这么做。因此，最好的做法是回顾这些问题，然后从中选取适用于你的。你可以把选好的问题添加到你现有的销售技巧中，使其更符合你的个性及行业特征。只要你能以不同形式的提问获取你所需的信息，那么你与客户的商谈就会更加富有成效。

第三章

管理商机：审核客户的过程

作为一名销售人员，你尤其需要积极规划每一天的工作。如果你花好几个小时为潜在客户写了提案，结果对方断然拒绝，那么没人会为你失去的时间支付报酬。你的宝贵时间不应该浪费在没有兴趣和你建立伙伴关系的客户身上。为了避免出现（或至少过多出现）这种浪费时间的事情，你需要审核每个销售机会。

审核意味着你要判断哪些销售机会是合理的，哪些又是浪费时间？作为一名销售人员，你大概经常看见以下的这些回复：

“请向我提供更多的信息。”

“请回电。”

“价格请再优惠一些。”

“将来我让你参与项目竞标怎么样？”

“你怎么不和买家谈一谈？”

“你能做一次展示吗？”

所有这些回复都需要作为销售人员的你采取行动，而很少或者从不要求潜在客户做些什么。另外，上面列举的最后一个回复可能还需要你出差，花费额外的资源（包括时间和金钱），但是潜在客户却没有给你任何承诺。

作为一名销售人员，你要牢记商场上的人回答问题不会总是直截了当，其原因包括如下几点：

· 对方不敢把话说得绝对。

· 对方不信任或者不喜欢你。

· 对方想向你收集更多的信息，为的是与现在的供应商谈判。

· 对方预期可能会与现有供应商出现问题，因此想要提前找好下家。

· 对方想要和你保持距离以此获得主动权。

· 对方和原先的供应商闹得很不愉快，因此不想重复之前的经历。

· 对方甚至没有意识到公司有问题或者可能出现问题。

在跟进客户之前，你要注意他如何回复你的问题。审核客户的过程能够让你回答这些问题：

· 对方是否客气地试图挂断你的电话，让你不要纠缠他？

· 对方究竟是想要购买你的服务，还是想从你那儿获取免费建议？

· 对方是否想要拒绝，却又不敢拒绝你呢？

· 你是否错过了时机？比起你提到的问题，对方是否有更为紧迫的问题需要解决？

· 对方公司是否准备变革？

· 对方是你真正要找的人吗？

正如我在第二章“了解潜在客户”中所提到的，你需要认真准备一份问题清单，通过提问了解客户的更多需求。但是当你问了那些问题，结果却一无所获时，你该怎么办呢？你需要制定客户审核流程，从而决定哪些客户值得你付出努力，哪些客户只是浪费时间。

在投入时间和精力为客户写提案/做展示/发样品之前，你应该从客户的答案中挖掘以下信息。

客户是否能清楚说明自己的需求

你在向客户提出关于需求的问题时，客户的回答应该能够说明他是否深谙问题所在，是否清楚解决方案。如果没有，这说明客户可能对你的服务不感兴趣，或者他并不是你该找的人。在这种情况下，作为销售人员你要寻找那个直面问题、对解决方案感兴趣的人。找到这个人后，你要通过与他交谈判断是否存在销售的可能性。

潜在客户的回答应该可以透露出这个问题的紧急性。这个问题是否比其他需求更重要？找出是或者不是的原因。如果该需求并不重要，潜在客户可能不会有动力购买你的服务。你该如何确定某项需求是否重要呢？你可以向潜在客户询问如下问题：

· 这个问题对你有多重要？

· 这个问题会影响公司的哪项业务？

· 你能够说个具体的例子帮助我理解吗？

· 除了你，公司还有谁认为这个问题很重要？

· 为了解决这个问题，你采取了哪些措施？

如果潜在客户可以具体回答这些问题，并且提供详细的例子，那么你就可以确定这个客户很靠谱。在获得关键信息之前，不要在该潜在客户身上投入过多时间和精力。

潜在客户如何预想问题解决后的场景

换句话说，解决问题对于潜在客户意味着什么？扭转局面如何能让潜在客户达成心愿？你真正要明白的是潜在客户的行为动机何在。通过清楚地了解客户寻求解决方案的动机，你便能更好地制订行动计划。

警告 如果潜在客户不愿意回答问题、不愿意告诉你他的动机是什么，那么证明这个客户并不可靠。不过你也要确保你的问题并非只考虑了你自己。如果潜在客户认为你在有意操控他，那么他毫无疑问不会向你透露敏感信息。

回应客户答复：三步审核法

你可以利用下面的三步审核法判断客户是否真的有购

买意向。这个方案会帮助你节省时间，避免挫折。

认同客户

找到客户的答复中你认同的部分。尽管这是一个基本的策略，但是当你知道有多少销售员会抄近道忽视这一做法时，你会大吃一惊的。这个方法既能与客户熟络，又能表现对客户的认可。同时，它还能为你争取到时间。但是你要记住千万别止步于此。

澄清意图

在对潜在客户讲话的某个方面表示认可之后，你要尽可能多地获取客户的信息。询问客户一到两个关于公司现状、决策机制或者供应商使其担忧的问题。

判断真伪

要想判断客户是真心购买，还是委婉拒绝，你需要用一个问题让客户设想未来，同时让你摸清签约的障碍是什么。

例如，有时潜在客户会让我去他们公司展示商品，或者约我面谈。一般我都很乐意去，除非车程超过 5 个小时或者需要长途跋涉坐飞机。在这种情况下，时间对于我来说是个大问题。在答应客户出差之前，我会投入大量的时间打电话询问客户的需求。我会这样问："假设我花一天时间拜访你们公司。你召集好所有相关人员，我为大家做一次产品展示，所有人都真的感受到了我们产品的价值。如果情况是这样，你觉得接下来会发生什么呢？"

客户给出的答案五花八门,但是基本上分为两类:1."我们会和你做生意"; 2."我们会交给领导、董事会、集团审核"，或者"我们必须将你的情况与现有供应商做对比"，或者"我们也不知道"。如果我得到的是第一类回复，我会立即坐飞机拜访客户。如果是第二类回复，我就不太愿意投入时间和精力，原因是眼前还存在很多不可控的障碍。因此，在坐飞机或者开 5 个小时车去拜访客户之前，我必须扫清这些障碍。这样做我与客户的面谈才更容易成功，我投入的时间也才更有价值。

运用审核流程

现在我们来看看客户对典型销售询问的一般答复，并且讨论如何利用审核流程判断客户是否诚心购买。

"请向我提供更多的信息。"

打电话给潜在客户时，你是否经常会听到他们说"请向我提供更多的信息"？你好不容易熬过了语音信箱，终于和客户通上了话，但是却听到了这样的回复，你难免会感到心灰意冷。或者更糟糕的是，你满心欢喜地以为找到了机会，最后却发现客户并不可靠，接连受到打击。在遇到这样的答复时，你可以按照如下步骤进行应对。

步骤 1: 认同客户。寻找客户的答复中你能够认同的内容。如果能找到，你就可以告诉客户，"我很乐意发些资料给你。"

步骤 2: 澄清意愿。与其在完成上一步后就结束对话，不如让客户就其需求再做出一些澄清。一个很好的例子是，"如果我向你提供了相关的信息，你具体会关注哪个方面呢？"或者你也可以直接问，"哪些信息对你来说特别重要？"问完这些问题之后，最重要的是分析客户的回答。

你要找出客户索要产品信息的原因。

如果潜在客户在回答问题时用到了诸如“实现”“纠正”“解决”“消除”“避免”“确保”“改善”等字样，那就说明他是真心在寻找帮助。客户使用这些词说明他们公司已经明确了问题所在，并且认识到必须要变革。潜在客户在解释这些问题时，你应该仔细聆听，更好地了解客户的目标以及他所期望的、你能为之提供的解决方案。

警告 如果潜在客户给出诸如“把你所有的资料都发给我”这样的回答，这说明客户并没有需求，这么说只是套话而已。相反，可靠的客户会这么说：“我需要这个方法的确切实施方案。我的办公桌上有一堆推销手册，但是我想要的是缩减人员流失成本的具体方法……如何找到并留住合适的人才……”

步骤 3：判断真伪。这个审核步骤中的最后一步是引导客户设想未来，让客户详细说明公司内部的决策机制。你可以这样告诉客户：“周一我会把整理的一些资料发给你，这个时间你觉得可以吗？”当潜在客户回答同意时，你应该继续追问：“假设你需要时间看完这些资料，你觉得我什么时候再打给你会比较合适？”这样你就能从客户那里得到一个跟进销售的确切时间。

然后你就可以进行审核步骤。举例来说你可以这样告诉客户：“没问题，我会在周一把资料发给你。假设到了周五，你看过了我们的资料，并且也很满意。你认为接下来会怎样？”通过提出这样的问题，你就为客户描绘一个可以想象的场景。由此潜在客户便可以带有批判性地考虑你的服务以及采购流程。同时你也能够辨别对方公司是真的有购买意愿，还是只想要挂断你的电话。

你可以用如下的表述方式验证客户的意图：

“假设我们能够……”

“如果……将会怎样”

“让我们假设……”

“设想一下……”

“试想在……情况下”

在结束对客户的审核后，你可以询问客户“你觉得接下来会是什么情况？”。在开头和结尾用这种措辞提问能够让你了解事情的原委，考察客户的反应。这样做的另外一个好处是，确定潜在客户选择合作对象的标准，以及了解面临的困难及反对意见。在发现反对意见后，你可以采用第八章所列的方法解决这些问题。

以下是一个可能发生的销售场景：

销售员：你觉得在看过我的提案后会发生什么情况？

潜在客户：我不知道。事实上，我之前尝试过这样做，但是最后却是无疾而终。

你不希望听到这样的回答，但是了解潜在客户所面临的隐形障碍对你至关重要。客户这样回答并不意味着你就没有成功的希望，但是显然问题比较复杂，因此你需要做出抉择。要么你可以寻找公司的真正决策者，要么你可以放弃这个客户，专注于那些更有销售希望的客户。

下面是可能发生的另外一个场景：

销售员：你觉得在看过我的提案后会发生什么情况？

潜在客户：怎么说呢，我会把你引荐给我的上级以及团队负责人。

听到这样的回答，你应该迅速意识到客户对你的产品有兴趣。通过以提问的方式审核客户，你不仅能够了解下一个采购流程，还能够知道谁才是最终的决策者。

***

当你运用三步审核法确定客户是否可靠后，你还可以继续追问更多的问题。尤其是当潜在客户表现出想要继续沟通的意愿时，你可以利用这次机会进一步挖掘信息，确保接下来能够得到客户的认可。这个方法既节省时间，又能帮助你将精力放在可靠的客户身上。

接下来让我们分析一下可以运用三步审核法应对的其他回复。

“我需要和……谈谈”

你是否遇到过对方不想做决定，或者他不是公司决策人的情况？尽管向采购集团、董事会或者管理层推销产品早已不足为奇，但是你必须牢记，做决定的不是公司而是个人。但是，由于公司内部的利益纠葛复杂，通常你很难判断谁是最终的决策者，谁又是决策的重要影响者。当客户回复你“我需要和麦克谈谈这件事”时，你要记住所有的影响因素，然后通过提问解除你的疑惑。

步骤 1：认同客户。对于客户的这一表述，你要回答：“太好了，我很高兴你愿意跟进这件事。”但是你要记住，先不要着急挂电话。如果你没有和客户约定好后续事宜，潜在客户很可能不会把你的信息传递给决策者。

步骤 2: 澄清意图。从潜在客户那里获取更多的信息。你要确保客户既给出了行动的时间节点，又与你约定了下次见面的细节。

如果在审核潜在客户时，客户不回答你的问题，说明他并没有真的购买意愿。

澄清意图和判断真伪的提问

“我向你提供的信息中，哪些更合你的心意？”

“我们讨论的所有内容中，你更关心哪个方面？”

澄清客户的意图时，最重要的是问客户“你是否愿意向别人推荐我们公司？”。如果客户没有兴高采烈地说愿意，那么你就得当心了。如果这个人作为你们公司的“代言人”，却不相信你们产品的价值，那么你不应该让他成为你唯一的联络人。但是，如果得到了肯定的答复，那么你就可以向客户提出其他的审核问题，比方说：

“你什么时候会和 ×× 讨论我们的提案？”

“我们三个人什么时候可以碰个面，讨论一下可能出现的问题？”

“你认为 ×× 最看重的是什么？”

步骤 3: 判断真伪。既然有了准确的时间节点，你就可以与客户一同设想接下来的购买流程。比方说你可以问客户，“让我们花一分钟时间假设你要向老板（董事会、管理层、团队领导等）汇报这个提案。你具体会和他们分享哪些信息呢？”

通过提问澄清客户的意图并判断需求的真伪，你就能判断出对方是真的需要咨询另外一个人，还是他在委婉拒绝你。提出这些问题不仅能够获取信息，还能够帮助你与潜在客户建立关系。最后，判断真伪不仅能让你预测到项目的未来，还能让你知道怎么做才能完成交易。

“三个月之后再打给我”

很遗憾，这样的答复说明潜在客户目前没有时间接你的电话。你突然打电话给别人，凑巧对方比较忙，这也没什么好惊讶的。重要的是你不能由此胡乱进行推测。

当你听到潜在客户说“三个月后再打给我”时，这是否能说明他对产品的态度呢？答案是不能。你需要从这个人身上获取更多的信息，从而判断你是否需要再花费宝贵的时间打电话给他，又或者你需要就此打住。你可以依照下面的步骤做出判断：

步骤 1：认同客户。不管你是打给潜在客户还是现有客户，当你听到对方回复“过几天再打给我”时，根据人的常识，你的第一反应是遵从对方的请求。尽管听起来有些琐碎，但是你一定要先向客户表明自己接受他的提议，然后拟定一个回电日期。这样做可以尽力避免客户到时候又有别的事情，或者不在办公室。否则，你的电话会被接入语音信箱，然后再次被告知还要等两个月。

步骤 2&3：澄清意图和判断真伪。“再打给我”是一个很好的例子，在得到这样的回复时客户不一定要完成三个步骤。在这种情况下，你可以将澄清意图、判断真伪的过程进行合并，这样在应对起客户时你也能游刃有余。

虽然你表示会再次致电客户，但是说完先不要挂断电话。相反，你要收集客户更多的信息，判断他是否对你的服务感兴趣。你可以问下面的一些问题：

“为了充分准备下次的回访电话，你能告诉我之后具体要讨论哪些内容吗？”（假设对方知道你是谁）。

“在我准备下次回访时，公司在未来 4 周（或者客户提供的时间节点）会有什么变化吗？”

警告 “过段时间再打给我”是最难破译的答案。有时客户这样回答，或许是真的很忙，甚至是处在危机当中，因此一点时间也没有。如果遇到这种情况，你要和客户定好准确的回访时间。如果客户愿意考虑你，这说明对方有合作意愿。否则，你可能需要寻找别的潜在客户。

你必须快速评估客户针对澄清问题给出的回答，判断对方是否有合作意向，继续跟进是否只会浪费时间。潜在客户若是能够清楚说明自己想要解决问题，例如公司生产效率低下或者人力资源不足，那么这说明客户认可你的服务价值，因此你应该将其归为合理的商机。客户可能会说："下次你打给我时，我想要讨论一下如何提高运输效率，我们公司因为延迟到货已经丢掉了很多单生意。"

在另外一种情况下，参与评估提案的某位重要人物目前在度假或者出差了，这也可能是一个合理的商机。潜在客户可能会说："约翰是公司运输部门的负责人，这次决策需要有他的参与，但是他最近出差了，要过几周才能回公司，到时候我想听听他的意见。"

"你认为约翰最关心哪些方面？"

"你会向他强调哪些要点？"

"你认为约翰会有哪些顾虑？"

问完其中一个问题后，你要再补充一个问题，判断潜在客户对提案的看好程度。你可选的问题包括，"假设约翰喜欢我的提案，你认为接下来会怎样？"或者"如果约翰表示不看好，你觉得你会如何回复他？"。你可以给自己找点乐趣，设计出对方拒绝的理由，然后测试客户对提案的支持程度。

这些问题应该足以让你了解与客户成交业务是否有可能。

不幸的是，初次电话销售并非总能让你到达这个阶段。很多时候销售机会根本就不存在。你要牢记的一个重点是，审核电话销售对象能够让你专注那些最有可能购买产品的客户。

“你应该找某某谈这件事”

很多人都拿这种话当借口。如果潜在客户说，“你真该找珍宁谈这件事”，这样他就把责任推到了珍宁身上。尽管有时候客户说的是实话，但很多时候它只是客户拒绝你的方式。

你需要视对方的具体情况调整问题。比方说，你试图向一家大企业的总裁推销软件。这时你必须告诉客户你的产品如何能够帮他提高利润、减少开支，并且改善通信状况。如果你用的是科技术语，谈的是操作系统的不同，那么客户可能只会把你推给低级别的采购员。而级别较低的管理人员不会关心长远的约定，相反他可能只会考虑一个因素——价格。这样你便失去了与高层决策人员直接沟通的绝佳机会，最后只能和底层员工讨价还价。

***

通过完成下列练习，你将有机会利用三步审核法判断潜在客户是否真的有购买意向。

练习 1

写下（或者至少在脑中构想）判断客户是否靠谱的三个步骤。

认同客户：客户表示，“你应该去找别人”。写下认同客户所述内容的一句话。

澄清意图：弄清楚客户认为你需要找别人谈话的原因，并且找出他最感兴趣的话题。列出你的问题。

判断真伪：最后你需要通过提问判断销售机会是否合理。列出你的问题。

你该如何去做呢？这时候，你要能够想出练习中涉及的一个回复及两个问题、搜集潜在客户的信息。下面是一些针对练习 1 不错的答案。把你的答案和范例做对比，确保自己已经对三步审核法融会贯通。

练习1的答案

认同客户：你给出的答案既要正面又要简洁。“太好了！我很愿意找莎拉（或者潜在客户提到的某个人）谈谈。”

澄清意图：你要通过提问探明服务对象的潜在利益，潜在客户与莎拉的关系，或者莎拉与公司的潜在利益关系。你可以提出下列问题：1.“我准备打电话给莎拉。你觉得她最关心哪个方面？”2.“我想提前准备莎拉可能感兴趣的问题。你认为更换现有供应商的好处是什么？”3.“凭借你和莎拉共事的经验，你认为她会如何看待我们的服务信息？”4.“我想在与莎拉面谈前做好准备。在与现有供应商合作的过程中，你遇到了哪些困难？”

判断真伪：你的答案既要包括判断真伪的两个层次，又要引发潜在客户的思考。1.“假设我联系到莎拉，同时她对我的提案也很感兴趣，你觉得接下来会怎样？”2.“设想莎拉看完了我的提案，你认为她可能会产生哪些顾虑呢？”

练习2

现在你要靠自己啦。运用你的方法解决下列难题（可能之前你不止一次遇到这个问题）：

认同客户：客户说："请给我提供一些案例。"

澄清意图：为了澄清客户的意图，你该如何提问呢？

判断真伪：你要如何使客户的回答合理化呢？

练习2的答案

认同客户："我很乐意现在就把案例资料提供给你！"（这样说既能延长你们的对话，又不至于浪费时间和金钱发资料。同时，如果你只是把资料发给客户，而不进一步追问的话，可能客户不会给你任何回复。）

澄清意图：1."如果我能请你和负责人谈话，你具体会和他们讨论哪些内容呢？"2."我想让产品推荐方提前知道你会打电话给他们，你计划什么时候打给他们呢？"

判断真伪："我确信你明白推荐方是对我公司服务最满意的客户，因此他们肯定会替公司说好话。假设你和他们谈过了，并且对听到的内容颇为满意，你认为接下来会怎样？"

为什么要审核客户

很多关于销售和销售技巧的书都强调，销售人员无论如何都要完成交易。实际上，这种观点并不正确。很多时候你会发现，销售不成功未必是坏事。如果硬是向客户推销,可能会让潜在客户心生厌恶,选择对你敬而远之。同时,你也会吃力不讨好。这就是三步审核法之所以重要的原因。利用几分钟的时间，向客户提一些精心设计的问题，你就能由此判断潜在客户是否真的有兴趣和你做生意。这样做既省时又省力，还能避免你和客户伤脑筋。此外，通过这个方法收集客户的答复，能够让你获得关于潜在客户及其公司的宝贵信息。

利用客户的答复，你能更好地准备之后要呈给他的提案。这不仅有利于你预测关于提案最有可能的反对意见，还能让你有机会应对这些异议。表 2 将在接下来的几页中为你展示如何在不同情况下运用这一方法。

表 2　客户三步审核法的快速指南

客户回复	认同客户	澄清意图	证明真伪	记忆要点
给我个报价。	没问题，我很乐意给你提供报价。	你需要达成什么目标？我想要更好地服务你，请告诉我你的需求是什么。	我会着手去做，并且花时间了解你的需求，这样我才能提供报价。设想一下，如果我们能够满足你的时间节点以及需求，你接下来会怎么做？	如果客户不能确切地告诉你自己需要什么，或者有什么目标，那么很可能这个客户并不可靠。
给我发送一些案例信息。	我想在电话中马上告诉你一些案例。	如果我让你找负责人谈谈，你具体想要从他们那里获得哪些信息呢？我想让推荐方提前知道你要打电话。你觉得具体什么时候你会联系他们？	既然我已经把案例资料给了你，那么我就稍微展望一下未来。假设你找推荐方谈过话，并且对他们说的话很满意，你觉得接下来事情会如何发展？	如果你只是同意给客户发案例，从不追问任何可能会让客户透漏信息的问题，那么可能你发完邮件后，对方就会杳无音信。
你真的应该去找卢。	太棒了。我很愿意和采购部的卢谈一谈。	我想在给卢打电话之前做好准备。你认为他会对什么话题最感兴趣？	假设卢对你说的话很满意，你认为接下来事情会如何发展呢？	不要轻易挂断电话，或者在没有充分了解情况时就给卢打电话。否则，卢很可能会断然拒绝你。

续表

给我邮寄一些资料。	我很乐意根据你的要求整理我们的服务信息。	我想要发送给你最能满足你需求的信息。你有哪些要求呢？ 我有很多资料可以发送给你。请告诉我你的一些目标或者顾虑，这样我好为你专门挑选你感兴趣的内容。	整理完你需要的信息，我会把它们打包发给你。假设你对我发的资料很满意，接下来会发生什么情况呢？	如果你耗费大量的时间和精力为客户搜集信息，但是不能肯定对方是否真的会购买，这种情况下，你所做的事情只是在浪费时间和金钱而已。
过些天再打给我。	没问题。我知道你很忙，我愿意过几天再打给你。	我想要为咱们下次的谈话做准备。你具体对哪些方面感兴趣？ 未来几周发生的哪些事情会影响你的需求或目标？	澄清意图和证明真伪的问题一并归在“澄清意图”之下。	很多时候会有人告诉你，“过几天你再打给我”。这时，你要弄清客户的具体需求，并且确定他感兴趣的话题。
我需要跟××谈一下这件事。	太棒了，你能这么做我真的很高兴。	你觉得什么时候方便和老板谈一下我的提案？	你认为老板对什么最感兴趣？ 你认为老板会有哪些顾虑？	通过提出优秀的问题，你可以知道很多关于你的客户和老板的关系、公司的决策过程等信息。

第四章

让客户开口：延展式和对比式提问

本章及接下来的三章将为你介绍不同类型的提问，提高你的销售技能储备。针对潜在客户的不同回复，延展式提问、对比式提问、教育式提问、锁定式提问、影响力式提问和愿景式提问会产生不同的影响。如果能熟练掌握不同的提问方式，你就能将它们化为己用，最大限度地利用与客户商谈的机会。

延展式提问

在众多类型的提问中，延展式提问最该被销售人员拿来与客户互动。这种提问方式能够将询问事实的基础提问延展为挖掘细节的探究式提问。延展式提问就是要让销售人员少说话，客户多说话。

基础提问转化为延展式提问

基础提问:“决策者是谁？”“你什么时候能做决定？”“你的时间节点有哪些？”

延展式提问：“请详细介绍一下你们公司的决策机制。”这个延展的问题能够替代上述三个基础的问题。

基础提问：“你对当前系统是否满意？”

延展式提问：“请谈谈你对当前系统的满意程度。”

基础提问：“你喜欢当前供应商的哪个方面？”

延展式提问：“请描述一下你挑选供应商的标准。”

基础提问：“价格对你来说重要吗？”“质量重要吗？”“服务重要吗？”

延展式提问：“请说说在决定供应商时你参照的标准。”这个例子再次体现了如何将三个基础提问转化为一个延展式提问。

延展式提问的开头应该包括下列词组：

“请向我描述……”

“请分享一下……”

“请解释……”

“请详细介绍一下……”

“请告诉我……”

情景和话术分析

这种措辞向潜在客户传递的信息是，你非常愿意听到客户的回答，同时也希望他能做出详细的说明。

接下来我们看一个简单的对话场景，对话人先是用了基础提问，之后又采取了延展式提问。马克是一名拥有十年工作经验的专业销售员，丽莎是国家货运公司（National Trucking Corporation）的采购员。马克打电话给丽莎，两人寒暄几句，聊了关于天气和假期的话题后，马克开始切入正题：

马克：丽莎，你们公司的采购决策人是谁？

丽莎：就是我。

马克：太好了，请问你想什么时候变更供应商？

丽莎：越快越好。

马克：那你预期的目标是什么？

丽莎：短期内赚更多的钱。

马克：我能给你一份提案吗？

丽莎：可以，你发给我吧。

话术分析：马克的销售并不成功，原因是他只问了基础的问题。如果马克能够恰当使用延展式提问，那么他就有可能获得更多信息，同时更好地理解丽莎的处境。现在让我们看看如果马克使用延展式提问，他会如何了解国家货运公司的运行机制以及诸多因素对丽莎决策的影响——包括外部客户、内部客户、竞争对手、职业目标以及业绩压力。

马克：丽莎，我不知道你能否详细说明一下你们公司的决策流程。

丽莎：大致是这样的，我会先查看变更供应商的提案。如果觉得有必要更换供应商，我会向区域负责人提出建议。之后区域负责人艾尔会审核信息，决定是否有必要签新的供应商。如果艾尔批准了，接下来提案会上报至区域副总裁约翰·威廉姆斯。约翰同意之后，公司会进行为期两周的新产品性能测试。如果不出问题，最终我将签署采购协议、完成交易。

马克：这么看来，你们公司的决策机制还比较复杂。请你分享一下，通过更换供应商，你和其他相关人员想要实现哪些具体目标？

丽莎：这得视具体情况而定，目前我们还没有制定具体目标。实际上，公司内部的问题已经持续一年多了，我觉得大家还没有真正要采取行动的意思。似乎公司里只有我意识到了这个问题，因为只有我需要每天加班解决问题。除了我似乎别人并不关心这件事。

马克：这样说来，似乎除了你，别人都没能认识到公司的真正问题。听完你说的这些话，我觉得你应该把我介绍给你们的区域副总裁。我肯定能清楚地向他解释这个问题，况且在解决这类问题上，我们公司取得了非凡的成绩。你觉得什么时候我们大家能面谈一次呢？

丽莎：我会尽快协商时间，安排好会议。

话术分析：利用几个延展式提问，马克获得了关于丽莎及国家货运公司的诸多有用信息。首先，马克了解到丽莎虽然无权变更供应商，但是若想变更还得先找她。马克还发现，丽莎是公司中真正面对问题的那个人。了解这些信息后，马克知道丽莎会成为自己强有力的说客，因为丽莎是真正想要解决问题的人。

***

了解到公司的决策机制后，马克决心赢取丽莎的支持，并且想要直接说服最高决策者，敲定合同。马克不仅争取到了与区域副总裁见面的机会，而且还知道了问题的内部消息以及公司的决策机制。

如果只提基础的问题，丽莎就不会说出她对现状的不满和负面情绪。如果像第一种情况那样，马克问完基础问题就结束对话，那么他的努力很可能会白费。丽莎已经知道公司存在问题，但是她不确信别人也知道变更供应商的迫切性。在这种情况下，马克如何才能提高自己的胜算呢？或许这件事成功的概率很低，但是如果不能让客户开口，马克就无法判断情况。好在马克的延展式提问得到了丽莎的回应，并且促使丽莎决定要安排他与决策者见面。

我们之后会继续讨论马克的问题，但是现在你先思考一下，在工作中你该如何利用延展式提问。

练习 1

从第 1 章的练习 1 中选取四到五个问题，可以是询问人员、对象、地点、目的及时间的任何一个问题。然后你可以尝试将这些问题改写成延展式问题，也就是在提问的开头加上诸如“请描述”“请分享”“请解释”“请详细说明”“告诉我”之类的字眼。

请注意，做这项练习时，我并没有要求你把所有问题都改写成延展式问题。原因是延展式问题和本书即将讨论的其他问题一样，都不能滥用。了解完所有类型的问题之后，你可以回过头来看自己的提问清单，然后决定如何修改这些问题才能符合具体情况。当你能够自如地提出延展式的问题时,你也就不必过度担心该用什么样的字眼。但是，我建议刚开始的时候，你可以通过这种方式组成延展式问句。这样你就会记得，让客户开口才是你的目标。当这一观念在你脑中根深蒂固，你就可以随意使用更加符合你个人风格的词汇。

对比式提问

你应该掌握的另一种销售提问技巧是对比式提问。或许通过字面意思你已经猜到，对比式提问中会出现对比一词的同义词，例如比较、差别、相比以及哪一个。对比式提问要比延展式提问略微复杂一些，它需要提问者多加思考，然而对比式提问的价值要远超你所投入的时间。对比式提问可以开辟以下多个话题：

· **时间**。对比式提问能够让你了解潜在客户过去的状况，以及他对未来的期望。对比式提问不仅能够让你发现客户当前最为关切的问题，还能了解在未来几个月甚至几年内，客户的工作重点是否会发生变化。

· **决策者**。利用对比式提问，销售人员能够了解客户公司的运行机制，弄清最终决策者是谁。这些问题能够让身为局外人的你了解公司内部的利益冲突。这样，你就能轻松地找到自己的支持者（在上面的例子中，这个支持者是丽莎），以及可能存在的反对者。对比式提问不仅能让你了解客户的决策机制，还能让你有机会看清公司的内部斗争。此外，如果能意识到内部斗争可能产生的危险，你就能提前准备预案，化解分歧。

· **竞争对手**。对比式提问可以鼓励潜在客户谈论行业现状，这种提问方式可以将话题引申到谁是客户的竞争对手以及公司需要改善哪些方面。尤其当你和高级决策者会面时，如何在竞争激烈的市场中实现产品和服务的差异化，这是对方决策层与作为销售人员的你共同面临的问题。对比式提问能够让客户认识到你理解他们的处境，并且有可能提出解决方案。

· **备选方案**。对比式提问能够让潜在客户认识到新方案的可能性。你可以让客户说出对现有产品或服务不满意的地方，这样你便可以顺理成章地提出自己的解决方案。

基础提问转化为对比式提问

询问时间的例子：

基础提问："你的目标有哪些？"

对比式提问："请谈谈在未来一年你期望达成的目标。

这个目标与你现在的状况有何不同？”或者“请说说未来一年你想要达成的目标与一年之前有何不同？”

询问备选方案的例子：

基础提问：“你觉得目前的供应商有何可取之处？”

对比式提问：“请对比当前供应商的好处及缺点。”

询问决策者的例子：

基础提问：“你们公司谁说了算？”

对比式提问：“请描述你认为供应商需要具备的重要特征，相比之下，其他人（老板、同事、部门负责人或者团队成员）对供应商有哪些期望？”或者“请谈谈你和老板在这个问题上有什么不同看法？”

询问竞争对手的例子：

基础提问：“你的竞争对手有哪些？”

对比式提问：“请分享你与竞争对手之间的差异。”

对比式提问和延展式提问类似，它们的好处都是让潜在客户开口，帮你收集更多的信息。如果只询问简单的是非题，例如“你们有预算吗？”客户当然只会给出呆板的答复，与其这样倒不如提出对比式问题，让潜在客户积极参与谈话，透露能够为你所用的信息。同时，对比式提问也能帮你挖掘潜在客户的重要标准。如果你的问题是价格是否重要，通常大多数人都会说重要。但是，如果你要求潜在客户按照重要程度排列价格、质量和服务，那么他们就不得不考虑事情的轻重缓急，然后说出自己最关心的事项。

情景和话术分析

现在我们再回到销售员马克向国家货运公司推销产品的案例。马克和丽莎初次会谈之后，他认识到销售会比较困难，原因是这家公司参与决策的人员较多。之后丽莎打电话确认他与公司副总约翰·威廉姆斯见面的事宜，马克在通话中又询问了公司及员工的一些情况，他们的对话如下：

丽莎：马克，我和约翰·威廉姆斯约好下周五九点和你见面。你觉得这个时间可以吗？

马克：当然可以，真是太感谢你了，丽莎。要是没有你，我也不可能有这次机会。为了我们能够利用好这次见面机会，如果你有时间的话，我想再问你一些关于公司的情况。

丽莎：没问题，你尽管问吧。

马克：太棒了！我想知道你能不能解释一下，作为采购专员，在挑选供应商时你最重视哪些方面，相比之下，你觉得约翰更看重什么？

丽莎：上级总是迫使我压低价格。每个季度，我们区域都会和国内其他区域竞争，评比出日常开支最少的单位。就在上个月，区域主管告诉我必须在未来一年内让成本降低 15%。这个要求让我不得不找价格最低的供应商。至于威廉，每次我们开会时，他的关注点都在如何提高收益上。

马克：好的，我明白了。遇到这种情况总是会让人感到左右为难。那么，对于整个公司而言，什么最重要——是降低成本？还是增加收益？

丽莎：这个问题提得好。公司需要重视业务的拓展。我个人认为公司对缩减成本抓得太紧。没错，缩减成本是能够快速解决问题，但是做生意从来都是盈利为先。没有利润公司就难以为继，因此增加收益才是公司的重中之重。

马克：谢谢你，丽莎。我还有最后一个问题。你能对比一下当前供应商的优缺点吗？

丽莎：我认为，当前供应商最大的问题是送货不及时。

现在供应商总是延迟到货，对此我们也没有办法弥补系统缺陷，保证货物及时送达。订单延迟让我们损失了很多钱，同时为了完成工作我还要经常加班。如果情况不复杂，当前系统是可以为我们节省时间的。但是除此之外，这个系统只会制造麻烦。

马克：丽莎，真的非常感谢你抽时间告诉我这些信息。我十分期待下周五九点与你和约翰见面。

话术分析：在与丽莎的第二次对话中，马克有技巧地利用了对比式提问，询问对方关于公司、当前系统以及相关人员的信息。马克对下周五的会谈志在必得，因为他不仅了解潜在客户的业务，同时也清楚丽莎和约翰最重视哪个问题。既然丽莎愿意把这么重要的信息透漏给马克，这就说明她本人非常支持马克，也十分愿意促成这次合作。

***

周五早上，马克与他的联系人丽莎，以及国家货运公司的副总约翰·威廉姆斯来到了会议室。经过一番寒暄之后，三个人开始谈正事：

马克：约翰，我想再次感谢你能给我这次机会与你和丽莎面谈。

约翰：别客气，丽莎可是一直极力推荐你，所以我想过来听听你怎么说。

马克：我们在这个领域做了很多工作，也取得了不俗的成绩，我十分愿意与你分享这些内容。但是，今天我想把注意力集中到你最为关心的事情上，因此我想先问你一些问题。

约翰：你问吧！

马克：你能否分享一下你的长期目标，然后再拿它和现在以及一年前的情况做下对比。如果可以，那对我们将非常有帮助。（对比式提问）

约翰：我的长期目标是让公司成为东海岸一流的货运公司。为了实现这个目标，我们要确保客户在与我们合作之后，下次还愿意继续找我们公司。近期我们的市场份额下降不少，原因是有些竞争对手为了提振销售刻意压低价格。我们公司不想打价格战，我们的目标是提供最优质的服务。一年前，我们公司在东南地区的知名度不高，但是经过一次成功的营销活动，我们已经拿下了该区域 23% 的市场份额。目前，我们想要在继续为客户提供优质产品的基础上，扩大销售规模。

马克：你能否为我说明一下，为了确保产品质量，公司都采取了哪些措施？（延展式提问）

约翰：很遗憾，我们目前在这个方面做得并不理想，我担心公司会因此付出代价。但是丽莎向我保证，你可以在这个方面帮助我们。

马克：是的，你说的没错。丽莎之前和我讨论过供货不及时的问题……

话术分析：马克在对话中同时利用了延展式及对比式提问。他不仅做到了让客户开口，而且还将自己塑造成方案的提供者——即能够帮助客户实现长短期目标的人。马克的所有准备以及他与丽莎的谈话似乎都奏效了。

***

现在你可能会觉得要想促成订单，关键是找对方的高层领导直接谈，毕竟这些人才是最终拍板的人，我这样说对吗？其实并非如此。每个公司情况不同，公司的每个员工又有不同的职权。在货运公司的例子中，副总裁可能是最终决定签约的人，但是采购员决定了要向副总裁推荐哪个供应商。每个人都承担了不同的角色，而你要做的就是了解这些角色。如果能做到这一点，你就可以利用这些关系以及你获得的内部消息，创造出新的商机。

在这种情况下，你应该牢记潜在客户的抉择会受到不同因素的影响，而这些因素必然会转化成客户的动机和顾虑。采购员的大多数压力来自于区域主管，而副总裁关心的是自己的职业发展以及公司的竞争力。相比副总裁，采购员的目光较为短浅，原因是她每个季度都要接受评估，而评估的唯一指标是成本控制。另一方面，副总裁是公司董事心目中的远见者——也就是能够引领公司走向未来的人。很显然，这件事不是一朝一夕能够完成的，因此副总裁在决策时享有更高的灵活度，即便没有立即为公司带来效益，他个人也不会受影响。

理解这两个人的角色差异至关重要，因为只有这样做，你才能与他们进行有效沟通，最终顺利做成生意。相比普通的销售提问，延展式和对比式提问能够帮助你深入了解决策人员之间的关系以及他们各自的信息。在货运公司的例子中，如果销售人员马克没有利用延展式和对比式提问的技巧，激发潜在客户及其领导的兴趣，鼓励他们积极参与对话，那么他就不可能获得如此多的内部消息。

练习 2

1. 设计一个对比式问题，了解影响潜在客户决策的一个因素。

2. 设计一个对比式问题，询问潜在客户的业务流程。

3. 设计一个对比式问题，了解客户的竞争对手 / 现有供应商 / 产品使用情况。

***

你已经明白了询问客户正确的问题，并且让他们积极参与销售过程非常重要。在本章中，你收获了促使客户开口与你分享信息的两个简单技巧。接下来你将学到更多的方法以及更复杂的提问技巧。请你记住，只要掌握好提问的基本技巧，你就可以在不同的销售场景下举一反三。

第五章

你是销售顾问还是产品贩子？教育式提问

根据我的经验，大多数销售人员都不希望自己只被看成“产品贩子”，他们大多真心地想要帮助潜在客户提高效率、降低成本，并且提高市场份额。但问题是很多潜在客户并不相信销售人员的诚意，原因是客户或者他们认识的人当中有人遇到过不道德的推销员，因此他们对销售人员心怀戒备。

为了克服这一问题，销售人员需要塑造专家或者顾问的形象，让潜在客户相信他们能够改善对方的生活。教育式提问能够让你迅速赢得潜在客户的信任，并且和他们建立关系。

如何利用教育式提问

教育式提问是对比式提问的扩展形式。这种提问方式不仅让潜在客户有机会表达观点，同时也让你有机会了解客户对商业问题的感受。与客户建立交情的最好方式就是让他把你看作是一个信息源，而非某个负责“登记业务”的员工。

下面是一位医药销售代表的例子，让我们看看他如何利用教育式提问，与著名儿科医生成功建立合作关系。

销售代表：医生，上个星期我从《时代周刊》上读到一篇文章，内容讲的是儿科医生向肥胖儿童及其家长提供咨询时面临着日益严重的问题。文章认为，很多家长拒绝承认孩子存在肥胖及饮食不良的问题。尽管儿科医生告诫家长不良的生活方式会影响孩子的健康，但是家长还是对此不屑一顾。你能对比自己的经验谈谈对文章观点的看法吗？

儿科医生：我们每周都会遇到这样的问题。有些家长不了解健康饮食的知识。我刚认识的一对生了三个男孩的父母表示，孩子每周吃快餐的次数从五次降到了四次，为此他们觉得骄傲极了！不幸的是，还有很多家长不知道自己的饮食习惯会影响孩子。

作为一名销售人员，教育式提问能够让你扮演顾问的角色——即对市场和研究领域都了如指掌。教育式提问不仅能够促使潜在客户谈论有争议的话题，还能让客户觉得你不只是一个产品推销员，还是一个能为他带来新鲜资讯的人。要提出这种问题其实并不难，你只要做到两点即可，一是掌握行业的最新动态，二是了解影响潜在客户业务的其他趋势或问题——或许这些事你早都做到了。

教育式提问为的是让潜在客户分享和他们的问题息息相关的内容。这个方法的关键是让潜在客户感到别人能够理解他，最重要的是你理解他。这些问题不是为了让销售人员操纵客户，而是为了激发客户的思维，鼓励他们探究解决方法。如果你能让潜在客户开始思考各种可能性，以及不同的商业模式，那么你的产品自然会被视为解决方案。

教育式提问模板

我最近在 ________（某一权威的信息来源或者行业期刊，例如《纽约时报》《华尔街日报》《美国新闻与世界报道》《美国医学会杂志》《商业周刊》或者《经济学人》）读到 ____（简要描述文章的要点）。请谈谈，和文章提到的情况相比，你有怎样的经历？

示例：

· 上周我在《华尔街日报》读到一篇文章，作者表示药物检查不是淘汰低质求职者的有效方式。但是，现在让求职者做药检的企业是十年前的五倍。关于这个问题，你有哪些经验？

· 最近《美国新闻与世界报道》上的一篇文章提到，目前 75% 以上的高科技企业会找外国员工当客服。为此企业面临的一项重要挑战是，解决新客服与客户沟通时的语言障碍及困难。你如何看待这一发展趋势？

· 新颁布的法律规定，医生不能接受医药公司的任何礼物和好处。最新一期的《美国医学会杂志》对此大加赞赏。但是有些医生认为，这些法律具有歧视性。你如何看待近期发生的这些变化？

· 今天早上《纽约时报》引述美联储主席的发言，指出在年底之前要让利率再升高一个百分点。很多小企业担心，这一做法会严重影响他们降低成本的能力。对此你有什么看法？加息将会如何影响你的业务？

上面的例子说明，我们能够以多种方式运用教育式提问。你应该制订一个计划，帮助你在与客户见面时提出教育式问题，引导客户说出自己的顾虑。虽然教育式提问不一定能够直接激发客户对产品或服务的讨论，但是好的提问应该为交流思想做好铺垫，促使客户给出回复。

提出一个教育式问题后，你需要认真聆听客户的回答，并且以此调整你的后续提问。这样做你才能确保和客户的谈话朝着预期的方向发展，最终引出你能够向潜在客户提供的服务。

你在教育式问题中提到的信息并不一定要来自纸质媒体。作为销售人员，你每天会和行业内的无数人打交道。如果在提问的开头加上“有些客户告诉我”，这样的说辞会让潜在客户更加佩服你挖掘信息的能力。如果在与客户会谈时你能巧妙地利用教育式提问，那么你就可以了解客户的想法，并且促使他们开口。

把握教育式提问时机

教育式提问在三个关键时刻最有用：首先，教育式提问可以作为语音留言的开头；其次，可以在会议开始时用来破冰、活跃气氛；最后，还能在会议出现冷场时开辟新话题。

第一种情况最容易办到。销售人员都有过这样的经历：几乎花了一天时间给潜在客户和现有客户打电话留言，最后却发现没有一个人回你电话。比起给客户打电话时只留下姓名和电话号码（或者更糟糕，发表一个三分钟的产品演说），倒不如提一个重要的，甚至会让客户有紧迫感的教育式问题。下面我们来看一个例子，这是营销公司员工给保险公司经理的一通电话留言：

你好，比尔，我是詹娜。今天早上我凑巧在《华尔街日报》看到一篇你可能会感兴趣的文章。这篇文章引述了一位业内人士的话，其观点是随着州和联邦政府不断加强对保险公司的管理，东南地区的公司将被迫做出合并或者倒闭的抉择。但是，我了解的一些企业却表示，他们想利用当前的变化叫停不盈利的业务，然后专注利润丰厚的市场。不管怎么说，我打电话只是想知道你有没有看到这篇文章，你对此有什么看法。你可不可以给我回个电话，我可以分享我对其他企业这种做法的一些观点。谢谢！

尽管比尔很可能早就知道州和联邦政府的法规有变化，但是詹娜主动提到了这些变化，并且表现出自己能够帮助比尔解答商业疑惑。

正如之前提到的，教育式提问还可以用来破冰——也就是在会谈开始的时候与潜在客户拉近距离的一种方式。在这种情况下用到教育式提问不仅能够鼓励潜在客户开口，还可以缓解一些会议话题“销售量”的压力。与其他提问方式不同，不能马上引导潜在客户提到商品或服务的购买。教育式提问虽然不能用来推销产品，但是你可以利用它让潜在客户表达意见，缓解会议的紧张气氛，并且为你塑造顾问的形象。说了这么多，我们先来看一个以教育式提问为会议破冰的例子。

情景和话术分析

卢卡斯需要找到一种能为下次会议破冰的新方式。上次他询问了潜在客户有什么爱好，但很遗憾那个方法没有奏效，他不得不干坐二十分钟听客户抱怨在城市打高尔夫有多难。最后客户看了看时间，咕哝着说自己还有别的会。因此卢卡斯意识到一定要避免这种情况再次发生。

卢卡斯在《投资者商业日报》(*Investors Business Daily*)上读到一篇文章，讲的是公司如何追踪员工的网络使用状况。卢卡斯是解决员工效率问题的专业顾问，读到这篇文章他就有了让客户感兴趣的内容。随后在与一家大型金融集团的 IT 部门总监拉里会谈时，卢卡斯提到了这篇文章：

卢卡斯：就在今天早上，《投资者商业日报》上的一篇文章提到，大型企业的员工每天上网处理私事的时间超过一小时。同时，文章还说一家典型的世界 1000 强企业会因此蒙受数百万美元的年损失。

拉里：你说的这个话题我很感兴趣，上次我们在董事会上也讨论过这个问题。但是我们不太确定追踪员工的上网情况是否合法，同时我们也担心员工会因此认为公司在监视他们。这篇文章有没有提到我说的这些问题呢？

话术分析：尽管这一个提问可能不会给卢卡斯带来生意，但是它肯定可以令IT总监对卢卡斯刮目相看，将他看作是一个信息源——即一个值得信赖，并且在需要时能靠得住的人。

***

教育式提问可以用到的第三种情况是：会议出现冷场，或者延展式及对比式提问后客户还是不开口。尽管潜在客户出席销售会议时会试图含糊其辞，但若是遇到教育式提问，他们也不得不表态。这种提问方式能让你了解客户对某个话题的真实看法，避免冷场时大家没话找话聊天气。教育式提问会迫使潜在客户表明立场，因为当你问客户有什么看法时，他们再也不能置身事外。

教育式提问要求潜在客户表态，而在表态后，客户的情感也会自然流露。下面是另外一个利用教育式提问让客户表态的例子。

凯西就职于一家员工福利公司。过去的三十分钟里，凯西一直努力想要为这场气氛压抑的会议打破僵局，她试图让建筑公司的总裁马拉谈谈不满和动力，但对方却是无动于衷。由于延展式和对比式提问对马拉都没用，因此凯西要尝试让对方就某个话题表态。

凯西：你知道，招不到高素质人才是很多建筑公司目前面临的一个难题。《基普林格报告》（*Kiplinger Reports*）指出，员工最想要的是公司能提供优质的医疗保险。对此一些人持反对意见，他们认为人们最关心的是时薪有多少。你如何看待这两个似乎对立的观点？

马拉：实际上，我们面临这个问题已经有段时间了。过去五年保险费率每年都在以 15% 左右的幅度上涨。我们已经在优秀员工的吸纳和留用方面感受到了巨大的压力。的确，十八岁的年轻人可能不会关心保险问题，因为他觉得自己永远不会生病。但是我们公司员工的平均年龄是二十七岁，他们大多数人都拖家带口。因此医疗保险对他们必不可少。在员工的离职访谈中，很多人都提到了这个话题。我们发现，优秀员工离职是因为其他公司的保险条件更优惠。

凯西：我们公司在保险行业有着可靠的业绩。凭借丰富的经验，我们能够提供一些既有创造力，又具备竞争力的医疗保险方案，不仅能帮公司吸引优秀人才，还能减少员工流失。

马拉：不错，我们应该谈论一下。我对贵公司的声誉早有耳闻。你有时间和我们的人力总监见一面吗？他是管理员工福利的负责人。

话术分析：显然并不是所有的教育式提问都能让潜在客户与你签约。但是，这种提问方式能让你有机会打动客户，让客户把你当作是合作伙伴，而非只是产品推销员。此外，教育式提问还能很好地替代针对老客户的定制问题。这样你就不必再问客户“我今天能为你做什么？”或者“最近一切顺利吗？”之类的问题，你也可以为他们提供信息。如果你能提供新观点或者新视角，那么你不仅能帮助客户，还能巩固自己作为顾问的形象。

***

现在你可能会考虑：为什么我要让客户把我看成合作伙伴呢？如果合同都签了，这样做会给我带来什么长远利益呢？这些问题提得很好，答案也非常重要。其一，如果销售人员不被客户认作是合作伙伴，那么当出现价格更低的新供应商时，客户就会舍弃你。如果你只向客户提供产品或服务，那么当客户考虑是否更换供应商时，他们唯一的考量因素就会是价格。尽管你可能和客户建立了合作关系，你们的交情也很好，但如果其他人能以九折供货，那么你也会轻易被替代。

练习1

想必现在你也知道该如何做这些练习。请设计三个你在与潜在客户会面时能够使用的教育式提问。

1. 设计一个在与业内人士会面时能用来破冰的教育式提问。

2. 设计一个能够鼓励客户就行业热门话题表态的教育式提问。

3. 设计一个能够在冷场时打开僵局的教育式提问。你写的问题不必非得和产品或服务相关，只要能够让客户参与讨论就行。

教育式提问的终极范例

· 科技变革对于你们行业的影响尤为巨大。《美国新闻与世界报道》指出，很多医院面临着 _________。你们公司的情况如何？

· 我从最新的《财富》杂志上了解到，你们行业目前存在三个重要的变化 / 趋势 / 问题。它们分别是 _________。你觉得哪个更重要？

· 相比文章中 _________ 的主张，你能谈谈自己的经历吗？

· 关于 _________ 的最新法规将如何改变你的业务模式？

· 你觉得《纽约时报》提到的这一趋势会促进还是抑制公司的发展？

教育式提问很棒，因为通过利用你已经在做的事情——即追踪新闻和动态，你就能够提升自己在潜在客户和现有客户心目中的地位。但是你不能在和客户谈话时多次运用教育式提问，因为这样就会显得不真实。每次会议用一个教育式提问就足以巩固你的顾问形象。

第六章

把控谈话节奏：锁定式和影响力式提问

到目前为止，我们已经讨论了几种可以用来提问潜在客户和现有客户的方式。现在你可能在想，问了客户这些问题后，我能用他们给出的信息做些什么？在允许客户发泄情绪、讨论问题的同时，我该如何把控会议节奏？如果我允许客户发表意见，究竟怎样才能谈到正题呢？想知道这些问题的答案就得听我讲接下来的内容——锁定式提问。

锁定式提问既能保持正常谈话的连贯性，还能将话题引到某个方面。利用锁定式提问，你可以选中一个感兴趣的内容，然后把客户的注意力引到那个方向。这种方法不仅能够为你节省时间和精力，还能让你最终在短时间内为客户提出解决方案。

锁定式提问的另一个优点是它能让你明确客户的想法和感受。客户经常会在谈话时用到诸如质量、伙伴关系或者简化流程之类的字眼，但他们却从来不会详细说明这些词的真正含义。而锁定式提问可以让你明白客户的心意，知道他们真正的想法。商业领域中有很多术语，通常人们在使用这些术语时很少做解释，有时甚至客户也不知道他说的是什么意思。通过锁定式提问，你能得到一个听客户说明问题、详述观点的绝妙机会。

达特内尔调查公司（Dartnell Research）是一家顶尖的调研公司，该公司发现 80% 的情况下，客户不会说出真实的顾虑和问题，因为他们觉得这样可能会暴露弱点。但是，如果用锁定式提问，你就能迫使客户开口。这样你们的对话就不会再为术语和表面功夫所累，而是专注真正重要的事实和经验。之后你可以利用得到的信息，通过影响力式和愿景式提问发掘客户的情感、观点和价值观。本章中，首先你会学习到锁定式提问的用法以及它可以用来把控谈话节奏的原因。之后将会给你介绍影响力式提问的力量：以提问迫使客户核算不与你合作的损失。接下来的一章，你会发现愿景式提问在巩固已有伙伴关系时的效果。

如何进行锁定式提问

既然你已经知道了锁定式提问的作用，接下来我们看几个具体例子：

客户：我们试图让这个项目落地已有数月之久。

锁定式提问：我注意到你使用了“试图”一词。那么你们的尝试哪些成功了，哪些没有成功？

在这个例子中，“试图”是你要聚焦的关键词，它表现了人在未能达成目标时的沮丧和气馁。这里客户给了你一个发掘问题的好机会，同时你也可以让客户发泄情绪，进而想到找你要解决方法。

客户：我需要的是伙伴关系而不只是卖产品的人。

锁定式提问：你能具体说说你是如何定义“伙伴关系”的吗？

“伙伴关系”是一个商业术语，但它的含义又比较空泛。销售人员可能认为“伙伴关系”是在改善自己业务的同时向客户提供真正价值的一种方式，但很多客户却将它当作压低供应商价格的手段。举例来说，三大汽车厂商经常用这个词劝说供应商降价。因此，作为销售人员，要求客户给出这个词的定义对你来说很重要。

客户：我们公司和当前的供应商出现了一些问题，所以现在我们想换供应商。

锁定式提问：能举例说明一下你们存在的问题吗？（用这个问题让客户重温当前供应商制造的麻烦再好不过了。）

让客户举例说明问题的好处不言而喻。客户在诉说过去的问题时会再次经历情绪创伤。他不仅是在吐露秘密，同时也是在告诉你他的业务细节及挑选供应商的标准。

客户：我们的季度目标是将成本缩减10%，但是我们觉得这个目标有一定难度。

锁定式提问：你说的有挑战性，具体是什么意思呢？

与上面例子中的“试图”一词相似，“有挑战性”也暗含着未实现目标的负面情绪和恼怒。锁定式提问能帮助客户发泄情绪，说出可以让你用于推销产品的信息。

从上面的例子可以看出，锁定式提问的工作原理是客户先提供答案，然后你研究客户声明的某个方面。之后，根据需求再让客户对他使用的某个词做出澄清，或者将对话引到某个话题。以下是一些可以帮助你轻松创建锁定式提问的单词和短语：

试图
应对
问题
顾虑
希望
不确定
有压力
寻找
需求
改善
挣扎
有困难

挑战

恐怕

沮丧

怀疑

探寻

寻找

目标

上述词语以及其他类似的词表明客户的需求并没有得到满足。因此，你可以将注意力集中在客户关注的领域，然后寻找为客户解忧的方式。这些词几乎都带有感情色彩，同时也表明客户已经意识到了问题所在。

找到这些词语并且使用锁定式提问发现客户的问题后，你就可以向客户表明你能够为他解决问题。而且，客户也会感激你帮他找到了问题，提供了解决方案。和教育式提问一样，锁定式提问也会让你成为客户眼中重要的合作伙伴，而不只是被当作某个提供产品或服务的推销员。

此外，客户使用的其他指示词也可以被“锁定”，进而用在提问中。比方说“我们”一词——其含义似乎很明确。

但是你要明白，任何时候只要客户提到我们或者他们，这就说明真正做决定或者意识到问题的人不止一个。这些词都可以用于锁定式提问，你可以问客户“我注意到您刚用了‘我们’一词，还有谁涉及了这个问题？”。成功利用锁定式提问的关键在于，认真聆听客户说的话，然后将客户的用词加到提问中。

要记住，只要客户在对话中提到这些关键词，你就有了摸清他们想法的机会。你不要觉得这是在偷窥客户的隐私或是多管闲事。客户其实愿意谈论这些问题、挫折和忧虑，只是他们通常不知道从何说起。

锁定式提问和本书提到的其他提问方式一样，也不可以在同一次谈话中连续使用。若是反复使用，客户就会感到不真实和不舒服，同时会议的节奏也会被打乱。由于这种方式的特殊性，销售人员也不应该在与客户来往的初期利用锁定式提问。如果刚认识就抛出锁定式提问，客户可能会觉得你不真诚或者是在讽刺他。太过频繁地使用锁定式提问还可能会让客户觉得你是在审问他。因此，在运用锁定式提问之前，你必须明白以下条件和规则：

· 你和客户关系甚好，并且对他表现出了同情。

· 你真心想要和客户培养感情。

· 你尊重客户分享信息的底线。

· 你要避免提到自己解决不了的问题。

· 你要专注于竞争对手解决不了的问题。

· 你要避免提到你个人或者公司为客户制造的麻烦。

只要你能明白并遵守锁定式提问的规则，那么你就可以在和客户交谈时尝试这一提问技巧。同时，如果你觉得锁定式提问会让客户觉得太尖锐，你也可以在提问之前加入一些缓冲语。下面是一些缓冲语的例子：

“请帮助我理解……”

“当你说到 ×× 一词时……”

“你能为我解释一下……”

“你能想到……的例子是……”

练习 1

客户说完后，找出一些词或者短语，然后用它们写成锁定式提问。在第一个例子中，我把可以用来提问的词语加了斜体。请写出尽可能多的锁定式提问。

1.“*我们*一直在*寻找*能够*更好满足我公司需求*的*供应商*。”根据这句简单的话，你可以写出多少个锁定式提问？我希望你可以至少想出五到六个问题。答案可以参考下面的“锁定式提问示例”。

2.“我们中的大多数人认为，公司在缩减成本时，应该注意提质升效，同时寻找能够聆听公司需求的供应商。”

3.“由于没有达成利润目标，我们部门受到了斥责。”

4.“目前，在几乎完全由价格决定的新兴竞争性市场中，我们举步维艰。”

锁定式提问示例

以下是一些练习 1 第一题的参考答案：

· 你刚才提到公司一直在寻找新供应商，那究竟找了多长时间呢？

· 公司决定寻找新供应商的原因是什么？

· 到目前为止你考虑了哪些供应商？

· 你排除了哪些供应商呢？

· 你说一直在找，意思是现在还没找到吗？

· 需求没有被满足，这件事持续多久了？

· 公司判断能否满足需求的标准有哪些？

· 哪些需求最重要？哪些不重要？

· 你刚提到了我们，请问参与这项决策的还有谁？

· 决定选用一家新供应商需要多长时间？

· 假设需求可以被满足，你希望达成的目标是什么？

到现在，你应该能够抓住一切可以由锁定式提问带来的商机了。但是你要切记，如果不倾听客户，锁定式提问也不会有效果。我们中太多人都养成了不认真听客户回答的坏习惯。我自己就犯过这种错误。该听客户回答的时候，我却在思考接下来要问什么！锁定式提问不仅能强迫你听客户说话，还能减轻你思考下个问题的压力，因为问题近在咫尺，只要你认真听客户的话。

掌握锁定式提问的技巧对很多销售人员来说绝非易事。太多的专业销售人员一门心思只想推进自己的工作，他们不愿意听客户说出问题，只想着兜售自己的方案。不幸的是，许多销售员傲慢自大，他们坚信自己知道什么对客户最有益。但事实是每个人的情况各不相同。即使你认为“这种事我都听过十多遍了”，但现实中客户的侧重点不同，动机也不尽相同，因此除非客户自己告诉你，否则你不可能知道。锁定式提问不仅让你在开会时有备无患，而且还能迫使你花时间聆听客户。

利用锁定式提问把控谈话节奏

既然你已经学会了如何用锁定式提问挖掘客户的情感，现在我们就了解一下锁定式提问的其他用途。很多销售人员起初对这种提问方法很谨慎，原因是他们害怕失去对谈话的控制。但是他们并没有意识到，通过询问这些问题，他们会成为谈话的主导者。向客户提问能够让你有能力主导谈话，而一味推销产品、期望客户感兴趣反而会没效果。

例如，凯瑟琳负责向百货大楼和折扣店推销服装，但是她做这份工作才几个月，还没有拿下过大的订单。上周她一直在给不同的店铺打电话，希望和对方谈论公司的服装系列，但是没有一个客户回她的电话。今天早上，她终于联系到了一家大型折扣店的采购副总裁。下面是事情的经过：

副总裁向凯瑟琳坦言，店铺管理层最近刚开会讨论了现有供应商存在的问题。这正是凯瑟琳利用锁定式提问发掘问题本质的绝佳机会。凯瑟琳问道："你说现在的供应商达不到你们的期望。你能举例说明下到底发生了什么事？"这时只要副总裁一开口，凯瑟琳就能轻松提出其他关于店铺现状的问题。之后利用这一信息，她还可以设计出符合店铺具体需求的产品展示。

但是凯瑟琳还需要弄清店铺管理层对于更换供应商的认真程度。我们经商的人都知道，公司每年有数百场讨论变革的会议，最后都会不了了之。因此，凯瑟琳不能想当然地认为客户已经下定了决心，她必须琢磨客户的一言一行，从而判断事情所处的阶段。要做到这一点，首先得使用第三章提到的技巧，对客户进行审核。在审核完毕后，凯瑟琳还需要了解事情的进展，搞清楚客户是不是现在就要改变供应商、产品或者服务。

客户投入的三个阶段

客户对某件事的投入分为三个阶段：**应该做**、**想要做**以及**必须做**。在**应该做**的阶段，客户并不想改变，也不认为自己需要改变。在**想要做**的阶段，客户想要做出改变，并且也认识到了改变的必要性，但是并不愿意采取行动。到了**必须做**的阶段，客户已经做好了要改变的准备，并且愿意采纳符合公司需求的方案。

只是聆听副总裁在谈话中的用词，凯瑟琳就能够判断店铺管理层所处的阶段，然后利用已知信息让客户进入**必须做**的阶段。下面的表 2 列出了客户的一些语言和行为及其对应的投入阶段。

凯瑟琳还需要鼓励副总裁回想当前供应商制造的问题，然后再说明这些问题对公司的影响。凯瑟琳若要这样做，一个简单的方法就是询问副总裁："当前供应商的问题对公司产生哪些直接影响？"等客户说出这些问题及负面影响后，凯瑟琳就可以轻而易举地让客户将她看作是代替现有供应商的明智选择。现在我们来看凯瑟琳是如何利用锁定式提问从中受益的。

副总裁：这真是太巧了。两天前我们开会正好提到了供应商不符合预期的问题。你愿意为我们做一次产品展示吗？

凯瑟琳：我非常愿意为贵公司做展示，但是在此之前我还想多了解点情况。你能举个例子，说明一下为什么当前的供应商不符合你们的期望吗？（锁定式提问）

副总裁：其实上个月就出了点状况。公司本来应该给全国各地的门店运输一万件泳衣。但我们的供应商 Shag Clothing 公司却没有按时发货——实际上，泳衣的到货日比预期整整晚了四个星期！很显然，我们期望供应商能够准时交付优质的产品，但是很遗憾对方没有做到。

凯瑟琳利用客户的发言提出了一个锁定式问题，这给她带来了两个好处：首先她了解到客户业务的更多信息，其次她成功让客户说出了现任供应商的问题。

一旦将客户引导这一步，你就可以放下锁定式提问，进入下一个阶段：影响力式提问。在这个阶段，你将使用之前会谈获得的信息，让客户意识到当前供应商造成的局面有多糟糕。

表 2　三个阶段客户的行为

	应该做	想要做	必须做
客户行为	客户的回答含糊其辞。客户没有意识到公司存在问题。他不会回答你的问题，而是要听你说。	客户愿意分享自己面临的问题和挫折。尽管客户意识到公司存在问题，但是他还没有做好解决问题的准备。	客户明白改变的好处大于维持现状的危险。客户急切地想要讨论解决方案。只有 10% 的客户会自己进入必须做的阶段；其他客户则需要在你的引导下进入该阶段。
关键词和短语	可能 再说吧 现在还不行 我太忙了	考虑 想想吧 我们想要 我们需要 我们正在寻找 我们希望	必须 将要 肯定 不得不 不做不行 我们准备好
你能做什么	判断客户不愿改变的原因，或许问题没有对他造成直接影响。你可以在客户公司寻找其他联系人，或者判断出目前时机还不成熟。 切记，销售机会不是哪里都会有。	在此阶段，不要试图向客户推销产品 / 服务，因为这样只会让客户反感。相反，你要找出客户改变的动机，并且在必须做阶段利用这些信息。 达到此目的的一种方法是，让客户看到改变的效益会超过改变的成本。	如果你遇到的客户正处于这一阶段，那么你就走运了。你只需要为客户梳理他们目前面临的问题，并且告诉客户你的方案将如何解决问题。 切记，大多数客户在与你初次见面时不会处在必须做的阶段。

如何进行影响力式提问

只是揭露客户的问题并不够，你还需要帮助客户量化这些问题。如果客户没有认识到问题的严重程度，他就没有动力做出改变。要想让客户有动力，你就要利用影响力式提问。影响力式提问就是让客户过一遍问题，让他们回想并且核算公司及他们个人受到的影响。

影响力式提问通常一开始就会指导客户做计算——若是继续和现有供应商合作，或是购买当前的产品和服务，公司会遭受多少损失。让我们来看一下在和副总裁谈话时，凯瑟琳是如何运用这一方法的：

副总裁：其实上个月就出了点状况。公司本来应该给全国各地的门店运输一万件泳衣。但我们的供应商 Shag Clothing 公司却没有按时发货——实际上，泳衣的到货日比预期整整晚了四个星期！很显然，我们期望供应商能够准时交付优质的产品，但是很遗憾对方没有做到。

凯瑟琳：延迟到货对公司产生了什么影响？

副总裁：那次延迟当然给公司带来了一些负面影响。泳衣的销售季节非常短，因此错过四个星期相当于错过了销售期的一半时间。另外，陈列泳衣的货架在店铺的前面，由于没有到货，它们只得空荡荡地摆在那里。

凯瑟琳：泳衣的定价是多少？

副总裁：通常我们一件卖 30 美元。今年我们少了一半的销售时间。我们本来预期要卖 1 万件泳衣，但是结果才销售了 2500 件。

凯瑟琳：这意味着有 7500 件泳衣会积压在仓库里，公司大约会减少 22.5 万美元的收入。这样算没错吧？

副总裁：没错。

凯瑟琳：既然谈到这个话题了，我来问你个问题。一般客户到你们店里会消费多少？

副总裁：我们发现客户每进店一次平均会花费 200 美元。由于我们的商品种类丰富，从运动鞋到香皂应有尽有。经常有客户原本只是来买一件商品，最后结账时却多买了好多件。

凯瑟琳：你觉得有没有可能一些客户来买泳衣，看到空荡荡的货架会不买任何东西就离开？

副总裁：当然了。我们公司一直从高德纳咨询公司（Gartner Group）了解零售业的趋势，根据他们的数据，20% 的客户在找不到要买的产品时会选择离开。

凯瑟琳：你估计四个星期会有多少客户因为泳衣断货而离开？

副总裁：我觉得要说有 2000 人也不过分。

凯瑟琳：因此，2000 乘以人均消费额 200 美元，相当于公司损失了 40 万美元。这么算正确吗？

副总裁：是的，我觉得有这么多。

凯瑟琳：这一件事公司就损失了 62.5 万美金！那这一年中发生了多少类似的事？

副总裁：很遗憾，遇到这个供应商，我们每个季度就要出现一次类似的问题。

凯瑟琳：这样的话，公司的收益会损失多少？

副总裁：（长叹）我认为可能有大约 180 万美元。

凯瑟琳：每年损失 180 万美元。这和你们全年的收益相比是什么状况？

副总裁：大概是全年收益的 2%。因为一个供应商损失这么多钱，我简直要疯了。

你可以看出，引导客户量化问题并不是件简单的事。虽然你要有点耐心，但是这么做的好处是无价的。在上面的例子中，凯瑟琳让客户意识到公司每年因为供应商损失了 180 万美元。当意识到这个问题后，哪个公司会无动于衷呢？大多数客户对问题认识并不深入，你的任务就是通过提问，让客户计算出这些问题带来的损失。

客户量化问题并计算出价值之后，你就可以进入影响力式提问的第二步。这时候，你再询问该问题（本例中也就是供应商的问题）对公司产生的影响，客户在公司的地位，以及客户的自身状况。你需要全盘托出由现状造成的负面影响，直到客户几乎陷入绝望。

影响力式提问能让客户退一步审视全局。这样客户就不会再局限于日常的问题，而是着眼于未来，思考现在问题不解决可能会发生的状况。下面是凯瑟琳使用影响力式提问的例子：

凯瑟琳：每年损失 180 万美元。这和你们全年的收益相比是什么状况？

副总裁：大概是全年收益的2%。因为一个供应商损失这么多钱，我简直要疯了。

凯瑟琳：你和公司其他人员追踪迟到货物的时间成本呢？还有店铺员工赶在最后一刻加班陈列货物的时间呢？

副总裁：你这真是问对了。上周六因为这个问题，我花了十二个小时陈列货架。为此我没能去看我孩子的少年棒球联赛。这件事让我很不高兴，我儿子也不高兴。

凯瑟琳：听上去真让人恼火。我也讨厌为了工作不能和孩子在一起的时候。如果我来总结一下，你刚才说的那个问题每年会导致公司损失180万美元，同时你个人也牺牲了陪伴家人的时间。如果你什么也不做，还是和现在的供应商合作，你认为这对公司有什么影响？（这是凯瑟琳提出的第一个影响力式问题，它涉及了对公司的影响。）

副总裁：说实话，我不敢相信这个问题居然拖了这么久。损失180万美元对我们公司来说是很大的数目。这次谈话让我明白，公司不能不更换供应商。（现在客户到了必须做的阶段，他已经做好了更换供应商的准备。）

凯瑟琳：你认为这个问题对于你在公司的发展有什么

影响？（这是第二个影响力式提问，它涉及了对客户在公司地位的影响。）

副总裁：如果再这样赔钱，我不敢想自己还能不能保住饭碗。如果丢了工作，我真不知道自己会怎么做。（凯瑟琳帮助客户认识问题，并且主动承担了责任。凯瑟琳没有直接告诉客户，而是让客户自己意识到，目前的状况对于公司和他本人都不甚乐观。）

凯瑟琳：我明白你的感受。我觉得大家都会有为工作提心吊胆的时候。你之前还提到了没有时间陪孩子。如果问题得不到解决，你认为你的情况会有所改善吗？（这是第三个影响力式问题，它涉及了对客户私人生活的影响。）

副总裁：除非换掉供应商，否则我预计未来还会有许多加班的夜晚和周末，这样我就陪不了自己的孩子，我不愿意再出现这种情况。我们必须现在就行动！（凯瑟琳发现了客户珍视的东西，这个例子中也就是陪伴家人。此时，凯瑟琳可以把自己的产品作为解决问题的方案推荐给客户，从而使客户能有更多的时间做自己想做的事情，减少在工作中处理问题的时间。）

凯瑟琳：好的，我们何不谈谈产品展示的事？

正如你看到的，影响力式提问着重为客户强调问题的严重性。你必须自己掌握好火候。我向销售人员传授这一技巧时，他们通常都会表现出担忧，因为很多人觉得似乎这种问题过于隐私或者容易引起争议。但是在上面的例子中，主动提起家庭和失业话题的不是销售人员，而是副总裁本人。客户挑起话题就说明他不介意和你讨论这些事情。

作为销售人员，你与其逃避那些敏感话题，倒不如坦然面对，从中找出帮助客户的最佳方案。切记，只要你真诚地和客户交流，那么你们双方都会从中受益。如果你只想利用影响力式提问让客户感到恐慌，然后再趁机拿下订单，那么你这样做就是在操纵客户。

影响力式提问示例

· 这个问题会如何影响销售/盈利/调度/交货/质量/生产？

·你认为这些问题会造成什么影响？

·这个问题会如何影响公司的底线？

·你每天要花多长时间解决这个问题？如果腾出这些时间，你会做哪些工作？

·需要多少员工处理这个问题？这些员工的培训和招聘成本是多少？

·这个问题是否让你损失过客户？损失的客户对公司有多大价值？

·这个问题对公司的其他业务有什么影响？

·如果你不决定立即解决这个问题。今年你会有多大损失？

·如果不解决这个问题，你的业务可能会遭受哪些影响？你能够承担这个风险吗？

·如果不解决问题，公司能够达成既定目标吗？

·面对这个问题，你还有时间处理其他项目吗？

·这个问题是否影响了员工的士气？有没有员工因为这件事离职？

·招聘和培训一名新员工需要花费多少钱？新员工要

多久才能在无人监管的情况下完成工作？这一延误会给你带来多少损失？

一旦你向客户提出了一连串影响力式问题，并且客户也意识到了改变的必要性，你就能进而向客户展示一个美好的未来。这时愿景式提问也就派上用场了。愿景式提问不但能够振奋客户的精神，还能为你塑造问题解决者的形象。我们将在下一章着重讨论愿景式提问。

利用影响力式提问鼓励变革

若不是到了万不得已的时候，大多数人都不愿意改变。即使面临问题，人们也不会尝试解决，而是想着如何凑合过去。绕着坑走总比把坑填上容易。因此，作为销售人员，你的责任就是通过提问突出客户的问题，然后帮助客户认识到问题的严重程度。

很多销售人员只要客户一说问题就抢着推销解决方案。但是如果这样做，你就会错过听客户诉苦的机会。你应该让客户尽情地抱怨现状，并且询问他的工作、部门、公司和客户为此受到的影响。只要客户说出所有的失望，他就会想要向你寻求服务。

大多数情况下，客户没有分析过他们的问题，更没有仔细核算过某个问题造成的损失。如果你能带客户梳理一遍，他们就会明白若是继续放任不管，公司会损失多少金钱、时间和资源，遭受多少困扰，这样客户就会意识到解决问题的重要性。

第七章

展望未来：愿景式提问

等你提出一连串影响力式问题后，面前的客户肯定会急切地想要改变。愿景式提问能让你向客户展示一个美好的未来，描绘出他与你合作的情景。影响力式提问强调了客户现状的负效应，而愿景式提问将锁定未来合作的正效应。

关于客户未来的抽象问题乍一听可能会很奇怪。大多数销售人员更愿意询问现在的事，他们对过去和未来并不在意。但是，愿景式提问的正效应不容小觑。当客户展望到一个问题得以解决的未来，一个可能升职加薪或缩短工作时间的未来时，他就会成为你最坚实的后盾。和影响力式提问一样，愿景式提问通常在连续发问时效果最好，先描述变更供应商或服务提供商对公司的效果，然后再过渡到对客户个人的影响。

愿景式提问中通常会含有如果的字眼。这些问题很有效果，因为它们挖掘了客户对未来的需求和愿望。愿景式提问能够引导客户说出他们的感受，而这将激发客户采取行动。客户和你一样也有希望和梦想，你的任务就是帮助他们实现梦想。要做到这一点，你就要引导客户说出他的目标，然后为他制定行动路线图。当然，这个路线图就是你的产品或服务。这件事的关键在于让客户自己说出路线图，而不是你主动站出来向客户推销方案。不要尝试成为客户的英雄，你要做一个热心提供帮助的教练。

客户需求

你可能在想客户为什么从来不说他们渴望多陪家人或是想要加薪。在这个社会，人们已经习惯了不过多泄露隐私，似乎这样他们才能避免受伤。客户也在遵从这些习惯，因此他们以表面的需求掩饰了真正的欲望。

理解这个观念的最好方式是了解显性和隐性需求的不同。显性需求是客户在被问及需求时最常表达出的需求。显性需求的例子包括改善服务或质量，提高市场份额以及缩减成本。这些需求往往基于一些可测量性因素，例如价格或占比，但是它们并没有涉及客户行为的真实动机。为此，我们必须考虑隐性需求。

隐性需求是大多数人每天工作的动力，它们可以分为五类：

1. **成功**。这种需求是指经过一天漫长的工作，回到家后能有一种成就感。尽管客户拿下订单后不会立即获得满足感，但是成就感会促使他们努力达成目标，顺利完成交易。有这种需求的客户经常会提到自己希望“完成工作”或者“追求满足感”。

2. **独立**。这种需求是指能对工作有一定的控制感。很多客户不仅要向多个领导汇报，还得看股东的脸色。当客户能够自己拍板时，他觉得自己掌控了命运，不再是个微不足道的小人物。有这种需要的客户经常会提到想要“寻找创造性”或是“赢得老板的信任，实现决策自主”。

3. **赏识**。这种需求是指受到公司的重视，感觉别人尊重你的意见。尽管我们是在为公司打工，但是大部分人还是希望受到表扬，因为这表明老板看到了我们的努力。所有人都不愿意每天到公司，却发现没人重视自己的意见。一个销售人员告诉我，她人生中最糟糕的一天是，别人告诉她开会有没有她都无所谓。那时她意识到别人根本不认可她的辛勤付出，而她在公司也是可有可无的角色。有这种需求的客户可能会表达自己希望“所有人都认可我的辛勤工作”或者“我在董事会发言时能够得到别人的重视”。

4. **安全**。这个需求有两层内涵：一是感觉公司不会开除你；二是想要保全面子，不在别人面前丢脸。尽管很多销售人员知道客户害怕丢饭碗，但是大多数人没有考虑到客户不愿在同事和老板面前尴尬、挨批评的需求。当客户面露难色，甚至延迟决策时，其实他只是害怕做错决定。作为销售人员，虽然我们无法对客户的工作做出保障，但是我们可以为客户提供方法，帮助他们在领导面前展现自己对公司的价值。有这种需求的客户可能会提到“害怕保不住饭碗”或者使用焦虑、担心、不确定、害怕、困扰或者怀疑等字眼。

5. **激励**。这种需求是指感觉工作有挑战性，每天上班感到兴奋，不会觉得无聊。我们都听到客户抱怨过工作日程太紧，截止日期太赶，但是更糟糕的是客户觉得每天的工作太乏味。人们喜欢发挥才能解决问题，并且越是这样就越有干劲。有这种需求的客户可能会提到他们不喜欢的任务，或者每天最棘手的工作。

这些隐性需求会促使客户和你做生意，但前提是你要发掘客户的需求。一旦你理解了客户的隐性需求，你就可以利用愿景式提问满足他们的需求。下面的练习会要求你根据客户的话，找到他们没被满足的隐性需求。

练习 1

阅读客户的话，然后判断客户想要满足哪个隐性需求：

1. “工作很艰难，因为我刚来公司才几个月，很多人还都不认识我。我来之后做了很多有用的事，但是似乎没人注意到。”

2. “公司副总裁赖斯先生告诉我要缩减成本，但是区域经理却因此冲我发火，他们觉得各方面的资金都很紧张。我知道如果大家能让我做自己的工作，我会找到一个万全之策。”

3. “每天都是干一样的活。我先要找到前一天的所有报表，然后再把它们汇总给营销部门。这个工作我闭着眼都能完成。”

4.“过去几个月，我的工作进展得很不顺利，我谈的所有业务都没成功。我只是想完整地做好一笔交易——这个愿望过分吗？”

5.“这个供应商真是把我们坑惨了。送货总是迟到，而且有时收到的货还有破损，为此我们又得退货。过去的十八个月里，这种情况发生了四次！我不想为这些损失承担过错，但是恐怕这件事在所难免。”

如何进行愿景式提问

一旦确定了客户的需求，你就可以利用这一信息设计愿景式问题。我们先回顾影响力式提问一章中的一个例子。第六章中，大型折扣店的采购副总裁曾抱怨：“如果再这样赔钱，我不敢想自己还能不能保住饭碗。如果丢了工作，我真不知道自己会怎么做。”这段话明显可以看出副总裁现在需要安全感。既然你知道了这个信息，那么你就可以根据他的情况设计愿景式提问。

客户需要安全感时，可以考虑如下愿景提问：

· “如果你和我能够找到问题的解决方案，你认为这会对公司未来五年的发展有哪些影响？”

· “如果你向老板提供了一个能为公司每年节省 200 万美元的方案，这对你个人意味着什么？”

· “如果你的事业发生了预期的那些变化，未来五年你觉得自己的生活会是什么样子？”

正如你看到的，愿景式提问并不是很复杂。它们只是让客户展望未来，想象变化发生之后的美好场景。一旦你和客户的谈话进展到可以使用愿景式提问的时候，你就赢得了说服客户的机会，让他们相信你的产品或服务有助于实现目标。

让我们使用本章上个练习中的例子，设计愿景式提问。

练习 2

阅读下面的例子，然后针对客户的隐性需求设计若干愿景式问题。本书已经给出了第一道题的答案（详见“答案”）。

1.“我来公司没多久，才刚认识了几个人。我做了一些改变，但是老板似乎并没有注意到我的付出。”

2.“我在各方面都受到限制，甚至没法独立思考了。要是大家能让我自己做工作就好了！”

3.“我每天都做同样的事，感受不到任何变化。我宁愿去跑客户。”

4.“之前的十笔业务都没成。我要怎么做才能谈成生意呢？”

5.“我的老板让我缩减部门，否则我就得打包走人。”

答案

第一题的答案：

·“我们在讨论中计算了，如果采用新的生产线，公司在未来两年将节省 100 万美元。这对公司会产生什么影响？”

·“如果你能为客户节省 100 万美元，并且为凤凰城的新厂做好准备，你认为公司会如何看待你？”

·“这对你个人意味着什么？”

愿景式提问示例

· 如果你能够达成目标，这会对公司 / 部门 / 个人有哪些好处？

· 公司 / 部门 / 团队 / 区域的未来愿景是什么？为了实现这一愿景，你认为需要采取哪些步骤呢？

· 你对未来的职业生涯有什么期望？要想实现目标，你必须做出什么成绩？

· 尝试想象自己三年后的样子。请详细描述一下，究竟如何做你才会满意自己的进展？

· 如果这个问题得以解决，你可以停止哪些麻烦的工作？你会在空闲的时间做什么？

· 如果这个目标能够实现，对你有什么意义？

· 如果问题得以解决，你可以做哪些之前做不了的事情？

愿景式提问没有任何坏处，因为它们能够为客户呈现积极的态势和信息。通常情况下，大多数工薪阶层只活在当下，他们不会考虑未来以及未来的可能性。如果你能用愿景式提问让客户抽离当下，憧憬美好的未来，那么他们将会永远感激你，更别说是和你做生意这种小事了。

愿景式提问的其他用途

愿景式提问不仅能够成为影响力式提问的第二步。如果客户已经到了**必须做**的阶段，而且没有必要提出影响力式问题，那么愿景式提问就可以单独使用。同样地，愿景式提问还可以在影响力式提问没有奏效的情况下挽回商谈。此外，一般性的愿景式提问还可以用在会议的其他环节判断客户的动机。比方说，有时客户不会像上面的例子那样，直白地说出他们的沮丧和担忧。一个看似很冷淡的客户或许在听到愿景式提问后会愿意开口。

让我们来看一个例子。销售员杰夫和潜在客户桑德拉已经艰难地谈了一个多小时。尽管杰夫已经使用了教育式提问、延展式提问以及锁定式提问，但是桑德拉还没有真的敞开心扉参与到对话中。杰夫已经决定认输并且想要结束会议，因为他觉得已经谈不下去了，但是他决定在结束之前问最后一个问题。

杰夫：桑德拉，我知道你很忙……我来问你一个问题。假设到了三年后，你再回顾这三年的时光，这三年要做出哪些成绩才会让你感到满意？

桑德拉：我希望三年后自己可以从部门经理升为副总裁。

杰夫：你认为要怎么做才可以做到副总裁的位置？

桑德拉：我现在的业绩考核优异，而且还有四年做部门经理的经验，但是我需要努力在成本控制方面做出让人瞩目的成绩。

杰夫：正如你知道的，我从贵公司的员工处收集过数据，也详细调查过如何帮贵公司节省成本。调查显示，我们的服务每年大约能够为公司节省 300 万美元的运输费。如果你把这样的省钱方案提交给上级，这是否能帮助实现你的三年目标？

桑德拉：嗯，这是个有趣的提案。我不知道居然能省这么多钱。如果你说的没错，我肯定会向公司提议这个想法。我看看下周二早上是否能够安排你见一下我们的总裁。你能够出席吗？

第八章

应对“如果……？”拖延和异议

并非所有的销售活动都进展顺利，作为销售人员，有时我们也会遇到坎坷。这些坎坷或许是由于我们对形势处理不当，或许是由于客户对销售人员感到矛盾。不管是哪种情况，如果想要挽回之前的辛勤努力，我们就需要学会克服这些障碍，以满足客户的需求。

挽回销售的第一步应该是找出客户拒绝或者拖延的真正原因。只有知道了客户暂缓交易的动机，你才可以缓和局面。一旦知道客户拒绝的原因，你就可以开始制订新的解决方案，安抚客户的情绪，确保之前的努力不会付之东流。

在此过程中，你必须对自己的行为保持警惕，否则你就会令客户疏远你，甚至失去业务。本章第一部分将告诉你销售人员在客户拖延交易时最常犯的错误。当了解被客户拒绝后不能做什么事时，你就可以阅读剩余的内容，学习打消客户顾虑的具体做法。

销售人员常见的错误

销售人员在遇到客户拒绝或者拖延交易时，他们会犯以下六种常见的错误：

1. 害怕客户的反应。很多销售人员惧怕客户要说的内容，他们最终失去销售机会是因为不知道客户真正的需要。比方说，销售人员害怕听到客户说“你的价格太高了”。他们听到这句话时下意识的反应是给降低价格。但这时销售人员真正应该做的是主动出击，努力摸清客户独特的采购标准，这样客户就不会首先对价格产生异议了。

2. 感情用事。尽管理智上我们明白客户的恶劣态度并不是对我们个人价值的贬低，但有时我们会意气用事，受到客户负面情绪的影响。当客户提出一个问题时，先不要忙着为自己辩护，试图遮掩问题。这样做不仅客户不会满意你的答复，更重要的是你会错过问题的核心——要怎么做才能解决客户的问题。

3. 急于下结论。作为销售人员，我们应该把全部的注意力放在客户以及他的需求上。但是，有时候我们却忘了这一点：我们忘记了听客户抱怨、诉说他的具体情况，一心想着的都是推销解决方案。这种开门见山的做法会给客户留下傲慢无礼的印象，最后客户会觉得你不重视他们的意见。

我们犯这种错误有两个原因：1. 我们想要装“内行”，卖弄自己的学问。甚至客户还没来得及想明白，我们就抛出一个解决方案。2. 我们很匆忙，没有时间和精力应付客户。下面就是一个例子：

假设你正准备要去度假一星期，这时一位潜在客户来了电话。客户先是啰唆地介绍了自己的公司，然后又细数了他在过去五年遇到的问题。你觉得自己对客户的这种问题已经司空见惯，于是你打断了客户的话，然后向他提出了解决方案。你试图尽快结束通话，这样你就可以早点去度假。在这种情况下，尽管你可能向潜在客户提供了一个不错的方案，但很有可能他对这次通话不会感到满意。客户没有机会告诉你他的业务情况，他觉得你搪塞了他。你应该怎么做呢？

你需要欣然接受潜在客户给你的所有信息，不管你觉得有没有价值。如果你真的没有时间和客户长时间通话，那么你应该要求在度假回来之后再联系他。否则你就应该放下行李箱，关上办公室的门，然后耐心听客户讲完自己的需求。切记，即便你一直听到这样的内容，每个客户的情况都是独特的，不会相同。因此，不要打断客户，向他推荐你的标准化方案，你应该给客户机会说明他的问题。只有这样你才能为客户的困扰继续寻找解决方案。

4. 白费口舌。我们都遇到过会大量占用我们时间的客户。这种客户带来的业务很少甚至为零，他们不仅苛刻还爱挑事。有时他们还会带来损失，因为我们花费了不少时间取悦他们。我们继续和这种客户做生意是因为，我们希望将来有一天他们会回报我们的忠诚。但是我们要意识到的是，有些客户我们根本就不需要！不管是一直哄骗你的潜在客户，还是出任何事都找你的客户，对于这些人，有些时候你就得痛下决心，结束这种只有一方受益的关系。

我有一个客户是三大汽车公司的零件制造商，他们被要求做出 10% 的价格让步，而好处是在未来成为对方的重要合作伙伴。在为对方提供了四年的降价优惠后，我的客户意识到他并不想要这样的伙伴关系，因为这种合作迟早会拖垮他的企业。你也要明白这一点。尽管听上去是在帮倒忙，但是每年你应该淘汰掉十位最不盈利的客户。这样做能够节省你的宝贵时间，让你专注于那些重视你的服务和产品的客户及潜在客户。

5. 推卸责任。过去二十年间，企业早已接受了团队合作的理念。当事情出差错时，大家很容易把错误推给别人。唐纳德·特朗普的节目《名人学徒》就生动地反映了人们互相指责、保护自身利益的场景。在该节目中，“与唐纳德的董事会议”能够揭露参赛者个性的另一面。每个星期节目必须淘汰一位选手，因此所有人通常会挑出一个让团队失望的人。

当客户由于服务、质量、价格或者其他问题找到你时，你是否遇到过某位成员将责任推卸给别人或是公司其他部门的情况？这样指责别人只会耽误正事——也就是解决客户的问题。当公司的业务进展顺利时，你应该和大家分享荣誉。然而，当事情出错时，同样大家也应该共同承担。

6. 以同样的方法处理所有客户投诉。有些销售人员在面对客户的异议时总是一个套路。他们可能会提供 5% 的销售折扣，或者主动赠送一些额外产品，但就是不会听取客户不满的原因。尽管你习惯了在客户反对时做出让步，但是这会让客户误以为只要抱怨就能得到好处。比方说，客户可能会要求，只有你降价 5% 他才会签合同。如果你同意了，这就会让对方设定一个对未来谈判的预期。客户会觉得只要他表达出不满，你就会再次妥协。

以同样的方式处理所有客户问题错在两个方面：首先，你没有解决客户的真正问题；其次，通常你给客户的并非是他们真正想要的。与其为拖延交易的客户提供 5% 的价格优惠，倒不如先听客户怎么说，然后着手解决问题。

既然我们已经研究了销售人员在处理客户异议时经常出现的问题，现在我们需要了解客户为什么会有异议。销售人员要想处理好客户异议，并且继续推动销售，最重要的就是知道客户行为背后的原因。

客户拖延的动机

为什么客户会反对你的提案，使用拖延战术？和销售人员一样，客户也对工作和生活心怀希望和恐惧。正如我在前几章提到的，客户的动机来自多个方面，包括内部客户、外部客户、职业目标、业绩压力以及竞争对手。客户在决定是否和你做生意时会综合考虑这些因素。下面是客户拖延或反对交易的一些主要动机：

· **"要是不奏效该怎么办？"** 几乎你遇到的所有客户都会担心自己的声誉和饭碗受损。如果他们批准了一项交易，但是在使用后却发现产品或服务不符合预期，这时他们就会丢面子甚至被解雇。出现这种情况后，客户心中的懊悔会久久无法散去，因此之后在决定任何一项大宗购买时，他们都会担心钱是否会打水漂。

与三十年前相比，现在的客户在为公司采购时会更加谨慎。由于经济动荡，大部分公司内部缺乏忠诚，因此很多经理只会避免做决定，这样一来出了差错，他们也不至于被问责。

· **"你不是自己人。"** 很多客户对他们的业务有很强的领地意识。他们不想看到有外人介入，抢走注意力和荣誉。你是否在自己的公司就某个产品或服务给出过建议？通常这些建议会被搁浅，然后它们却流传到了别处，让其他人做了改进。最后你的建议得到了实施，但得到表彰的却是其他人！人们对这种感觉不会轻易释怀，这也让客户对局外人格外谨慎。

作为一名顾问，我把作为局外人这件事看成是优势。我和数千家企业合作过，因此当客户陷入日常业务的细枝末节时，我有能力帮助他们看清大局。尽管我经验丰富，但是我同意最好的办法往往来自于企业外部。大多数企业没有听取内部员工的建议和问题。内部客户的建议经常会被视为噪音，不受公司重视。然而他们渴望受到关注，希望能让公司里的其他人刮目相看。作为局外人，你不仅有机会提供独特的视角，还能让内在客户提出优秀方案，帮助他们成为英雄。

· **“我就是不明白。”** 所有的公司都必须守住预算，我们的客户也不例外。但是有时候人们太过痴迷于降低成本，甚至会忘了顾全大局。即使你完成了自己的工作，向客户展示了他们目前蒙受损失的原因，而且也说明了长期省钱的做法，但是有些客户就是不愿意掏腰包。有些人只是单纯缺乏远见，他们一辈子只会被动反应，从来不会主动出击。当你询问他们的长期目标时，他们要么一头雾水，要么就只能想到未来一周的情况。其他人只是没信心解决问题。

客户从来不会承认他对自己的决定没信心，相反，他会用“我很担心”“我还没准备好”或者“我觉得不自在”等说辞掩饰自己的恐惧。作为销售人员，你需要利用自己专业的判断，决定是鼓励客户做出改变，还是寻找公司里的其他人。

· **“我只是看你不顺眼。”**我们难免会遇到合不来或者没法交心的客户。比方说，假设你是一个果断的急性子，你可能很难和办事磨叽的慢性子客户处好关系。在此情况下，你难免会和客户产生摩擦。一旦有了摩擦，客户很容易过分关注你们之间的性格冲突，从而忽视产品或服务。这种客户可能还会在公司其他人面前诋毁你，原因只是你们合不来。作为一名专业人士，你有责任认识到你与客户之间的矛盾，并且适当调整自己的方式方法。

不管客户拒绝的原因是什么，作为一名销售人员，你的任务就是找到这个原因，然后着手解决！接下来我们将讨论你该如何去做。

客户拖延的反对意见

如果你回想一下本书之前讨论的“客户投入的三个阶段”，拖延只不过是客户处在**应该做**或者**想要做**的阶段。你的目标是发现敏感话题或者客户的动机，让客户进入**必须做**的阶段。

· **异议 1**：我需要考虑一下。共同点：我很高兴你能仔细考虑这件事。澄清意图：对于我所说的内容，哪些是你喜欢的？哪些让你担忧？

· **异议 2**：我们目前要做的事情很多。共同点：合理安排人、财、物非常重要。澄清意图：怎样才能让你优先考虑这件事？

· **异议 3**：我们还没做好向前推进的准备。共同点：我理解你的迟疑，毕竟这是一个重大的决定。澄清意图：你能否帮助我理解你犹豫不决的原因呢？

下面的方法将教会你如何应对客户的拒绝和拖延。这并不意味着交易一定会成功，不管你说什么做什么，有时客户就只是没准备好。但是利用这个方法，你不仅会了解客户拒绝的动机，而且还可以判断客户能否回心转意。

步骤 1：寻找一个共同点

不管客户有什么异议，你总能找到和客户的共同点，然后抓住不放。（注意：这和第三章中三步审核法的澄清意图步骤相似。）当客户发表了一些攻击性的言语，例如“你的价格太高了”，其实他们想听销售人员做出反驳，甚至和他们争论。然而，即使不那样做，你也可以在客户的话中寻找你认同的内容。一旦找到了，你就可以继续下一个步骤。

步骤 2：提出要求澄清的问题

听到你赞同他的反对言论后，客户很可能会大吃一惊。这对你来说是件好事，因为你可以借此机会询问客户关于现状的问题。你的提问要切中客户问题的要害，这样才能有一个圆满的结局。

步骤 3：教育客户

等你让客户发泄了情绪、抱怨了现状后，你需要向客户保证问题能够得到解决。为此你可以使用下列方法：

· **成果**。对你的产品心存疑虑的客户，如果他能看到你和其他公司合作的具体成果，那么他就有可能改变想法。这些成果不应该由你提供，而是要由客户认为客观可靠的第三方提供。尽管客户会受到情绪的影响，但是他们还是会合理地调整自己的行为。

· **举例**。很多客户必须要见到实物才能理解，他们需要看到图表或者未来工程的模拟图。人们信奉眼见为实，尤其是“X 代”和“Y 代”[1]的客户，这些人自小接触了音乐电视、电子游戏和互联网，因此更加注重视觉。

另一种举例的方式是，向客户分享你过去与其他客户，或是在你自己公司遇到类似异议时的处理经验。讲故

---

① X 代指 1965 年至 1979 年出生的人，Y 代指 1980 年至 1988 年出生的人。

事是你说服客户的最好方式。你是否收到过请求你为慈善事业捐款、帮助孤儿获得食物和医疗服务的邮件？这封邮件的开头必然会讲述一个孤儿的经历，然后告诉你捐款将如何改变他的生活。一个孩子的故事就能生动展现千万个和他有相同遭遇的孩子的经历。这就是例子的用途。

· **对比。**有时我们的产品在客户看来似乎很复杂，因为他们对技术或术语并不熟悉。你需要拿简单的想法做类比，例如“使用这个芯片就像给电脑安上了快进功能”，通常这样做能帮助客户理解复杂的概念。这能够让客户的大脑放松，使客户相信，你并没有试图向他推销他不需要的产品。

一旦帮助客户了解了情况，你就该进入最后一个步骤了。

步骤 4：确保客户做出承诺

在最后一步，你只需要让对话回归正题。既然你已经缓和了局面，并且了解了客户的需求，这时你将更有把握提供解决方案。你需要回到销售的话题，然后与客户制订出一个让双方都满意的计划。

***

尽管这个方法包含四个步骤，但很多时候你不需要完成所有步骤。如果你从客户那里得知交易没有希望，那么最重要的就是立即止损，放弃该客户。很多销售人员不愿意这样做，因为他们觉得这样做就是失败者，但是事实并非如此。如果你认识到自己没有可能卖出产品，但还是执迷不悟，那才是你的失败，而且这对其他客户也没有好处。尽管销售人员不愿听到这样的消息，但有时客户就是永远不会和你签单。在那样的情况下，我们最好把时间花在别的客户身上。

现在你可能觉得这些步骤好像比较抽象，让你摸不到头脑，那么下面我们来看几个实际运用这一方法的例子。

销售人员每天听到的客户异议都一样。客户无非是要你降低价格、提高服务水平，更有甚者要求物美价廉，因为客户不愿意为你的产品想太多。下面是一些常见的客户反对意见，这些例子并不是让你今后照本宣科，而是帮助你灵活掌握该方法，使其符合你的个人风格和偏好。

对价格的异议

很多销售人员都会对预算和价格避而不谈。他们害怕惹恼了客户，或是听到客户说出他们不想要的答案。例如，他们担心如果询问客户的预算是多少，客户会给出一个很低的金额。下面是关于价格和预算的各种提问及回复，这将帮助你消除恐惧和焦虑。

· **异议 1**：你的价格太高了。共同点：我理解价格对你来说是很重要的考量因素。澄清意图：你能分享一下选择供应商的标准吗？

· **异议 2**：我们没有预算。共同点：管理资金对做生意至关重要，这一点我非常赞同。澄清意图：1. 这是出于预算的考量，还是对我们产品的价值没把握？ 2. 要怎么做才能得到解决问题的资金，让你不必再面临 ______ 问题（重述客户之前与你分享的问题，透彻说明如若维持现状客户会遭遇的挫折）？ 3. 什么可以让你相信这对于你（以及你的公司）是一项重要的投资而非成本？如果客户的反应还不错，你要继续问客户，你怎么做才能获得必要的资金尽早把握这个机会呢？

· **异议3**：另一家供应商在相同的条件下给出了15%的价格优惠。共同点：寻求资本价值的最大化的确很重要。澄清意图：1. 请告诉我价格相较于质量/准时交货/服务/满足客户期望来说有多重要？ 2. 请分享一下你使用的采购标准。3. 告诉我什么对你最重要：是获得最低的价格，还是确保总成本最低？ 4. 让你的投资获得最大收益非常重要。你能否与我分享你的决策标准？ 5. 如果此产品/服务能够为你带来 __% 的投资回报率，那么价格还会是个问题吗？6. 如果我找到我的经理，他们同意这个价格将会怎么办？到时候你愿意和我签约吗？一定要强调“如果”——你要明确表示自己并非是在做承诺，你这样说只是为了试探客户是否真的在意价格，还是他们有别的顾虑。你最不愿见到的事情就是降低了价格也没拉到业务。

更多要求客户澄清价格的提问

· 你是否能说明一下公司的预算流程？

· 为了能够提出更符合你需求的方案，请问你的预算参数有哪些？

· 这个项目的资金是如何决定的？

· 你要怎样做公司才会批准该方案的款项？

· 在为此项目申请资金时你会遇到哪些困难？

· 还有哪些人会参与预算的审批？

· 从 1 到 10 打分，得到此产品 / 服务有多重要？

· 你预期的投资回报率是多少？

对你或者公司的异议

很多时候客户的反对意见总是模棱两可。让客户做出具体的说明，这样你就能找出客户真正关注的问题。

· **异议 1：**我们对你的服务不满意。共同点：满足客户的需求是一切商务关系的本质。澄清意图：我们在哪些方面没有达到你的期望？

· **异议 2：**我们对目前的供应商很满意。共同点：让公司获得最优的商品、支持和服务至关重要。澄清意图：

请介绍一下你们选择供应商的决策标准。

· **异议 3：**你只是不了解我们的业务。共同点：任何供应商都应该尽可能多地了解公司的状况。澄清意图：你能否和我分享你遇到的问题或者存在的疑虑。

既然你已经学习了很多例子，现在轮到你自己对客户的异议做出反应了：

练习

1. 异议 1：“上次我们订的货晚到了两个星期。我们再也不找你订货了！”先找出共同点，再让客户澄清意图。

2. 异议 2：“公司领导一直在缩减开支。这个会计年度几乎没有资金预算。”先找出共同点，再让客户澄清意图。

3. 异议 3：“我做不了决定，这需要由董事会成员通过。”先找出共同点，再让客户澄清意图。

4. 异议 4：“你的价格是 A 公司的两倍！”先找出共同点，再让客户澄清意图。

5. 异议 5:“你的公司规模太小，我们只和大公司合作。”先找出共同点，再让客户澄清意图。

6. 异议 6：“我上个礼拜给客服打电话，等了 45 分钟才打通。”先找出共同点，再让客户澄清意图。

7. 异议 7：“这件事要到年初才能有决定。”先找出共同点，再让客户澄清意图。

***

本章的示例为你提供了运用四步法的一些思路。在许多方面，这个方法很简单：不要揣测客户的想法或感受，直接向他们提问！一旦你提出了一个好问题，你只需要听取客户的回答，发现他的烦恼就行了。在那之后，你可以向客户介绍你的产品或服务如何能够减轻客户的痛苦。最终你只需要达成交易即可。

第九章

整合提问技巧

本书已经介绍了很多可以用来改善业务交互质量、与客户建立真正关系的方法。在本章，你将练习如何同时使用这些方法。在完成本章练习的过程中，你要明白世上没有固定的提问顺序。例如，你可能会发现，教育式提问在有些情况下会放在对话的开始，但在其他情况下却并非如此。利用这些提问方式的关键在于倾听客户的意见，然后回应他们的顾虑、想法和失望。

本章不会再使用前几章介绍的销售人员的例子，现在你才是主角。你将是那个根据业务进展状况，向客户提出适当问题的销售人员。我选择了一个简单常见的场景：销售汽车。这样一来你既不必担心自己缺乏产品知识，又可以专注于谈话的过程。

本书旨在帮助你完成企业对企业的销售。最后一个情景会富有挑战性，你将在复杂的环境中使用本书的提问策略，包括多次向客户致电，同时面对多个业务人员以及进行复杂分析。你的目标应该包括真正了解公司的决策流程，主要参与人员使用的标准，以及客户决策的动机。你在本书学到的知识能够运用于所有商业领域。

销售情景

你所在的 Sheatler 财务公司专营商务租赁，其重点业务是为公司提供带有外部销售、服务和技术支持的机动车辆。与行业内的其他企业一样，Sheatler 公司也是一家第三方租赁公司。租赁行业面临与其他商品关联行业相同的挑战：客户会选择价格最优的方案。

Sheatler 公司成立才十年时间，但是它已经能和众多第三方租赁公司以及领先的金融机构相匹敌了。你的公司想通过提供优质的解决方案和一流的服务，努力从竞争对手中脱颖而出。作为负责商业租赁的销售代表，你在行业中有很大的影响力，并且还可以随时获得上千辆汽车和卡车。

近期，你和一家房地产公司有业务往来，该公司需要为五十多名地产经纪人配备汽车。另外你还合作了一家化妆品公司，他们需要你为其销售代表配备紫色的豪华轿车。现在你收到了老板发来的关于一家磅秤公司的备忘录，该公司需要在全美范围内为数百名技术人员提供卡车。这家名为Metro Scales的公司最近刚终止了与另一家租赁公司的合同。

下面是老板提供给你的信息：

· 作为一家《财富》1000强的企业，Metro Scales公司正在寻找能提供3000辆卡车的租赁企业。该公司的副总裁卢·泰勒艰难地进行着讨价还价。过去的二十二年，公司主要由他管理，原因是总裁更喜欢去圣特罗佩（Saint Tropez）度假。销售部的技工是公司的核心，他们要负责磅秤的安装和维修。没有卡车技工就什么也做不了，因为他们不仅要靠卡车运输磅秤，还要靠卡车测试重量（校准磅秤）和工具。

· 你需要在该公司找一名联系人才能踏进合作的门槛，否则你将在花旗银行、富国银行、美联银行和美国银行等大牌竞争对手面前失利。由于Metro Scales公司正在与另一家大型企业谈合并，你千万不能在这个关键时刻冒犯任何人，因为这件事令所有员工都人心惶惶。

练习 1

请列出你要问 Metro Scales 公司货运负责人瓦内萨·奥雷利的一系列问题。瓦内萨必须处理技术人员对卡车故障和其他可靠性问题的投诉。如果卡车运行出了问题，瓦内萨肯定不会高兴。你与瓦内萨安排了一次电话会议，利用这通电话，你不仅希望可以引起瓦内萨的注意，还希望从她口中得知一些关于公司需求的宝贵信息。这可能是你招揽业务的唯一机会，因为和其他竞争对手相比你们只是一个名不见经传的小公司。但是，如果能得到瓦内萨的青睐，你就等于向成功迈出了一大步。在下面的空白处，填写一些你在会议上可能会问到瓦内萨的问题。（以下括号中的内容将提示你编写不同类型的问题，并解决各种影响业务的因素。）

1.（设计一个讨论内部客户的延展式问题）

____

____

____

2.（设计问题揭示客户的业绩压力，例如减少成本、提高利润或时间限制）

____

____

____

3.（设计一个讨论客户对现有供应商满意程度的愿景式问题）

____

____

____

4.（设计一个讨论公司目标及瓦内萨个人职业目标的愿景式问题）

____

____

____

和瓦内萨谈话之后，你获得了以下信息：

1. 瓦内萨对当前的供应商极度不满意，她很高兴能够解除合约。技术人员经常找她投诉卡车的问题，大家抱怨既要把车辆送去维修，还又得不到加班费。瓦内萨还抱怨，当前的供应商提供新车的速度太慢，有时竟需要六个月才能为新的技术人员调来一辆卡车。

2. 上层管理人员在过去两年中一直对瓦内萨施加压力，原因是车辆维修导致了公司的生产效率下降。瓦内萨一次次地尝试向上级解释这并非是她的过错，而是卡车供应有问题。直到两年后，当前的供应商申请了破产，这才证实瓦内萨所言非虚。

3. 由于卡车故障，以及需要送去维修的时间成本，该公司每年损失惨重。瓦内萨告诉你，平均每天有三辆卡车出问题（全国范围内共有三千辆卡车）。这样算下来，平均每周十五辆卡车出问题，这样瓦内萨就会接到十五名技工的投诉。瓦内萨估算了一下，平均每周她要花十二个小时维修卡车，此外由于卡车故障，她还要专门留一个人在办公室重新安排为客户上门安装的时间。

4. 瓦内萨认为公司的副总裁卢·泰勒一直很尊重她，但是运营负责人蒂姆·戴利并不认可运输部门在公司的重要地位。戴利不承认运输部门的重要性，反而将全部精力放在提高生产力、完成销售和服务目标上。

5. Metro Scales 公司的合并谈判已经到了白热化的状态，瓦内萨担心如果合并发生，自己可能会被解雇。

练习 2

利用你从瓦内萨处得到的信息，设计能够突出当前供应商不足的影响力式问题。

1. 影响力式问题 1（提示：对客户的影响）

____

____

____

2. 影响力式问题 2（提示：对公司的影响）

____

____

____

3. 影响力式问题 3（提示：对瓦内萨以及她工作能力的影响）

____

____

____

通过你的精辟提问以及和瓦内萨的交流，你已经得到了与瓦内萨 · 奥雷利和蒂姆 · 戴利面谈的机会。会议定在一周之后举行，因此你需要了解磅秤行业当前的状况。另外，你还要准备给蒂姆·戴利的问题，这样你才能推动这笔业务。通过研究，你发现磅秤行业在过去的几年中一直在稳步增长，而 Metro Scales 公司也相对发展良好。

磅秤的销量通常取决于经济形势。如果企业发展良好，规模有所扩张，他们就会购买新的磅秤；如果企业形势不好，他们就会推迟新秤的购买，转而维修旧秤。Metro Scales 公司还通过已签订的合同获得了大量收入——拥有大量磅秤的企业通常会签订服务合约，这样他们就有权获得全天候的服务以及固定的维修费率。

正如瓦内萨·奥雷利告诉你的，磅秤企业没有了卡车就无法运转。要有卡车公司才能把技术人员、工具和磅秤运送到客户手中。所有客户都想立即获得维修服务，尤其是那些签了服务协议的客户。像卡车需要维修，甚至技术人员没有卡车这样的借口，客户听到后会觉得你极不诚恳，因为他们每分钟都会因为磅秤故障蒙受损失。

和瓦内萨第一次会谈后，由于你对影响力式提问的出色运用，瓦内萨打电话向你提供了更为精准的信息。她告诉你，由于卡车故障，目前需要重新安排整整 5% 的客户拜访。每个技术人员大约有 120 位客户，平均每位客户能够为 Metro Scales 公司带来 2 万美元的年收入。（这条信息可以用来很好地量化问题。）

既然已经掌握了这么多信息，现在你需要为运营负责人蒂姆·戴利准备一些可能会用得到的问题。戴利的主要职责包括，监管十位区域经理以及严格控制成本。瓦内萨告诉你，戴利只看重数字，特别在乎能为公司带来多少利润。

练习 3

准备你要问运营负责人蒂姆·戴利的问题。你要记得使用通过瓦内萨和你自己的调查所得的信息。

1. 关于成本控制的延展式问题（提示：这个问题可能涉及员工效率、销售指标以及技术人员在每位客户身上投入的时间）。

____

____

____

2. 讨论公司对供应商预期的对比式问题（提示：将现有供应商与客户的理想选择做对比）。

____

____

____

3. 讨论决策流程的审核或对比式问题（提示：试着挖掘不同决策者的不同采购标准）。

____

4. 关于外部客户的延展式或对比式问题（提示：这是营造紧迫感的绝佳机会，阐明外部客户期望 Metro Scales 公司达到，但在目前尚未达到的标准。你收集的信息将引导你进入下一个提问，为客户量化问题及问题造成的影响）。

5. 量化客户现有问题的提问（提示：重点讨论现有问题对 Metro Scales 公司的负面影响）。

6. 愿景式问题

____

____

在准备与蒂姆·戴利的会面时，你打电话询问戴利，是否需要在你的展示中着重解决某些问题。戴利表示："我希望下个季度的利润增长10%，并且我再也不必担心运输的问题——这不应该成为我主要关注的对象。"

练习4

结合戴利的话准备锁定式提问。根据他的话，你应该至少能写出四个锁定式问题。我准备了一个例子帮你回忆如何设计锁定式提问：

示例："蒂姆，你提到希望利润增长10%。公司的其他人是否和你有同样的愿景，你们就公司的短期和长期目标是否有一些分歧？"

1. ______________________________

____

____

2. ____
____
____

3. ____
____
____

4. ____
____
____

与蒂姆·戴利谈话之后，你对这位难以取悦的商人似乎产生了一些影响，因此你备受鼓舞。下面是你发现的一些信息：

1. 公司不知不觉损失了一大笔钱。蒂姆估计公司在全国范围有 36 万客户。结合瓦内萨提供的信息，由于运输问题，5% 的客户拜访需要重新安排，这样计算下来，每年有

1.8 万客户对服务不满意。蒂姆表示，这 1.8 万客户中大约会有 10% 因为运输延误选择解约、投靠竞争对手，每年所有的损失总计 360 万美元（每位客户能为公司带来 2 万美元的年收入）。这一结果让蒂姆 · 戴利大吃一惊。

2. 尽管蒂姆没有真正理解当前供应商为瓦内萨和技术员工制造的麻烦，但是他认识到公司生产效率下降与这些问题有关。当蒂姆得知每周有十五名技工无所事事，等待卡车维修的情况后，他感到怒不可遏！他估计仅此问题就能让员工生产效率降低，让公司每年损失 200 万美元。

3. 在与瓦内萨和蒂姆的会谈中，瓦内萨提到当前供应商的卡车每加仑汽油只能跑 16 英里。目前 Metro Scales 公司每年要投入 900 万美元让技术人员为卡车加油。

4. 当你鼓励蒂姆分享他的烦恼后，他表示 Metro Scales 公司的销售和服务下滑了将近 15 个百分点。他还告诉你，公司副总裁卢 · 泰勒最近因为这件事还质问过他。

现在你的黄金机会来了：你争取到了和卢 · 泰勒的会谈，届时你将有机会让他相信 Sheatler 财务公司的实力，以及它可以为 Metro Scales 公司带来的价值。在和卢会谈时，你需要做这样几件事：

· 总结你在与瓦内萨和蒂姆会谈时得到的数据和计算结果。你要记得列出 Metro Scales 公司因为当前供应商遭受的一切损失。你还要强调 Sheatler 财务公司能够减少或避免这些损失，从而增加 Metro Scales 公司的利润。

· 向卢询问一系列的影响力式问题，这次你还要应对卡车加油的问题。你要告诉卢，Sheatler 财务公司有办法让新卡车每加仑汽油跑 24 英里，这将为公司每年大约节省 300 万美元。

· 你要揭露一个事实，那就是你们公司租赁服务的收费每年要比当前的供应商高 25%，但是你要确保卢明白，使用你们公司的服务能够节省开支，他们将会有数百万的净收益。

练习 5

以下将是对你销售技能的终极考验。你将会见该公司的副总裁——此人掌握着销售的最终决策权。你要确保你的提问不仅能说明客户和当前供应商合作的损失状况，还要讲清楚客户与Sheatler财务公司合作能够获得的利润。

1. 提出一系列影响力式问题讨论每加仑汽油行驶里程以及其对公司成本控制的影响。

____

____

____

2. 提出一个讨论Metro Scales公司竞争对手的问题，强调客户每年会因取消拜访失去1800名客户。

____

____

____

3. 设计一系列讨论卢个人及企业目标的愿景式问题。

____

____

____

4. 设计一个讨论公司合并的问题——询问合并对卢意

味着什么，以及 Sheatler 财务公司将如何改善 Metro Scales 公司的财务状况。

____

____

____

5. 设计一个了解卢对这笔交易是否做好准备的审核问题。

____

____

____

***

到现在，你可能已经意识到，本书提供的这种销售方式并不能消除所有问题。销售过程中还是会出现一些影响交易的突发状况和个人因素。但是，由于你已经学会了这些技巧，因此你能够预测客户可能提出的反对意见，打消他们存有的顾虑，最后鼓励他们做出购买决策。不管你是使用教育式提问、影响力式提问，还是审核提问，最终你将发现在练习这些提问技巧后，你肯定会比竞争对手更具优势。

第十章

结　语

我希望本书提供的方法能够让你受益匪浅。通过运用这些方法，你将能够与客户建立并维持更有价值的伙伴关系。二十世纪著名的人类学家克洛德·列维－施特劳斯（Claude Levi-Strauss）指出："智者不是给出正确答案的人，而是提出恰当问题的人。"我将这本书命名为《不懂提问，你怎么做销售》，这是因为我真心觉得销售的关键在于问对问题，而不是巧舌如簧。

刚开始你可能会觉得，这种方法就是让你的职业生涯在提问中度过。我向你保证事实并非如此。提问的精妙之处在于，你将促使对方在见面时多说话。一旦你提出几个经过深思熟虑的问题，客户将会和你分享大量他们知道的信息。此时你的责任就是认真聆听客户的回答，并且只在恰当的时候做出回应。可能刚开始你会不习惯让客户一下子说这么多话，但是最终他们的话将有助于你制定最可行的解决方案。

本书提供了与客户培养有价值的伙伴关系所需的一切方法。既然你已经阅读了这本书的内容，那么你应该清楚客户对你的需求。客户不需要商品贩子或者提供通用方案的业务员，他们需要能够提供专业技能和个性化服务的销售人员。教育式提问、对比式提问、延展式提问以及锁定式提问都能够帮助你深入挖掘客户的需求和欲望。当你能够根据客户的需要量身定制服务时，你就能为他们提供宝贵的服务——让客户不会马上忘记的服务。

通过提供量身定制的解决方案，你将为客户带来更大的价值。客户想要他们的资金能够实现价值的最大化，而使用这些技巧的销售人员恰巧能满足客户的这一愿望。请记住，你的专业知识和经验能够带给客户价值。

本书教给你的另外一件事是练习自我评估。在本书的开头，我要你写下通常会问潜在客户的问题，然后再打电话给潜在客户，记录你们的通话内容，最后判断你的提问在多大程度上增进了你和客户的伙伴关系。这种自我评估的练习应该继续坚持下去，不要仅限于这本书。如果你发现最近的工作进展很顺利，那么你应该花时间总结一下，哪些方面你做得好以及为什么这种做法会奏效。如果有几周时间你的工作很艰难，同样你也应该坐下来总结哪些做法不奏效。无论是哪种情况，你都应该评估自己的表现，然后寻求改进的方法。

最后，我要讲一下本书的目的。如果条件允许的话，我会前往每个读者的工作场所，帮助他们与客户建立更好的伙伴关系。但不幸的是，我既没有时间，也没有足够的飞行里程去完成这样一项任务。因此，这本书是一个退而求其次的选择。你可以阅读我提出的销售技巧，然后使之适应你的个人需求；你也可以充分利用我提供的方法，然后结合你之前掌握的销售技巧。祝你事业有成!

附录A

让我看到钱！创造价值使价格不再是问题

在第六章介绍锁定式提问时，我提出了量化客户成本的概念，以此说明客户目前损失的金额或者不与你做生意的成本。这一方法既可以证明你能为客户节省资金，也可以减轻客户购买你的产品或服务的顾虑。虽然我之前提供了一些你在与各种客户打交道时可能遇到的问题，但是我明白想了解客户的资金去向并非易事。因而在此附录中，我将进一步阐明可以用来说服客户与你做生意的方法。

同时，我还将讨论的行业范围扩大至建筑、制造、医疗保健、食品生产和客户服务/技术支持。通过提供每个行业的具体说明，我希望能够涵盖为产品或服务创造价值的大多数方式。

为什么我要在这件事上花这么多时间？我指导的很多

销售人员都表达过相同的沮丧："我销售的解决方案报价最高。我要怎么做才能让客户觉得物有所值？"

要想让客户意识到你的解决方案的价值，首先你要问对问题。为此，你需要了解客户通常所花费的成本，然后判断他们能否通过使用你的产品或服务缩减或消除成本。表 A-1 是常见费用的详细列表。仔细阅读此列表，并且查看你可以与客户探讨的费用项目。此外，我还提供了如何量化当前成本的具体示例，这将激发你的批判性思维，促使你找到能为你的行业所用的方面。

表 A-1　量化成本时需考虑的常见费用

初始成本			
设计	生产	设备	招聘 / 培训
人力成本			
员工工资	增员的福利	人才流失成本	增员的办公空间
质量成本			
预防成本：减少或消除残次品	修复残次品的成本（浪费生产时间）	残次品引起的诉讼成本	更换残次品的成本（损失利润）
运输成本			
购置成本（处理订单、分发采购订单、接收和处理材料）	占有成本（包括仓储、保险、税收和维修费用）	运输成本（由于商品没有库存需要加急运输的费用、办事员的加班费、商品破损费用）	客户关系（客户选择其他供应商、延迟交货遭到罚款）

医疗保健业

在过去的几年里，外包已经成为商人和政治家热烈讨论的话题，很多客户也纷纷询问我对它的看法。我当然明白雇佣具有相同技能的低薪国外工人对企业极具诱惑力。然而，我总是担心这种做法会产生无法预料的后果。我告诉我的客户，要记住，如果想雇佣其他国家的工人，你就必须接受意料之外的情况。

我的一位客户是医疗器械的销售员。有一天，他偶然向我提到，几家当地医院正在考虑将放射科的工作外包给其他国家的医生。我对这个新情况很好奇，于是请他为我做解释。他告诉我，多年以来，医院一直苦于寻找可以查看夜间急诊病人X光片的放射科医生。起初，每天会有一位在夜间待命的放射科医生，在医院需要查看X光片时，这位医生就会被呼叫，然后从家中开车到医院。

随着电子邮件的出现，医院开始通过电子邮件向当地医生发送X光片。然而，放射科医生很快就厌倦了这种做法，因为这意味着他们必须整晚守候在电脑旁，而且还得不断地查看邮件。后来，一家国际机构联系到了这些当地医院，该机构的员工都是在美国获得执业资格的放射科医生（但是目前居住在国外），这些人的工作就是查看美国医院发给他们的 X 光片。因此，在东海岸的深夜，一家美国医院发出急诊病人的 X 光片后，位于柏林、香港或者加尔各答的医生就会查看这些光片。这家机构每月会向医院收取固定费用，这会让医院每年节省约 50 万美元。我的客户询问了我对这一前景的看法。

在我说出自己的想法之前，我希望你能花点时间考虑一下这个情况。你对此有什么看法呢？你是否准备好建议客户达成这样的交易呢？你的客户在听到每年可以节省 50 万美元的消息后估计会很兴奋，但是这笔交易在将来是否会出现让客户吃惊的隐藏成本？

让我们来看看这个方案的优缺点，从而帮助你发现有待讨论的方面：

优点

· 第一个也是最明显的优势是，客户每年能节省 50 万美元。

· 医院患者将会得到快捷的服务，因为他们的 X 光片会立即被人查看。他们不必等待夜间待命的放射科医生查完邮件再看 X 光片。

· 每家医院可以裁掉三名放射科医生。这不仅能够节省资金（参见上文），还能够为急需办公地点的护士腾出空间。

缺点

· 可能会影响医疗事故保险。尽管该机构声称其在国外的医生都已获得美国的职业认定，但是你的客户怎么知道这情况是否属实？承保医疗事故险的保险公司是否会反对这种新做法？医疗事故保险的费率是否会因新增风险而提高？

· 如果网络出现故障该怎么办？倘若医院依赖境外的医生（而不是当地的医生），在网络连接失败的情况下，医院就会联系不到人。在此之前，如果网络出了问题，当地医生可以去医院查看 X 光片。现在再发生这种状况，没有了随叫随到的当地医生，医院该怎么办呢？

· 医生和患者之间缺乏情感交流。如果病人不能和查看他们 X 光片的医生交流，他们会怎么想？如果病人对诊断结果有问题——谁来解答他们的问题？

· 该找谁问责？如果诊断出了差错，谁该负这个责任？此时医院必须为他们未曾面试，甚至从未见过的医生负责。

· 医院必须考虑保密问题。在过去的几年里，国家通过了严格保护病人隐私的法律。将 X 光片传到海外会对病人隐私产生什么影响？该系统是否能够抵御黑客的袭击？

尽管该方案似乎好处很多，但是我发现潜在风险要大过这些好处。当我完成这一分析后，我找到了几个可以探讨的领域。这种思维方式可供你在特定情景下评估成本使用。

医疗保健业成本的合理性测算

以下是医疗保健业企业量化成本时需要考虑的事项：

· 报销和医疗保险付款

· 医疗事故诉讼

· 护理质量——医生和护士的专业水准

· 人员成本——员工的工资和福利

· 设备——医疗器械，例如 X 光机和普通的办公设备（例如电脑和传真机）

· 政府的规章制度

· 患者的满意度

· 患者隐私——无论是纸质文件还是电子传输的资料

· 可用空间的费用——存放设备和人员的成本

· 培训成本——培训员工熟悉新系统和新设备的资金及时间成本

· 启动成本——实施新项目所需的资金及时间成本

· 运营成本——服务费用，更换和补充的成本

建筑业

销售砖块虽然不是什么有趣的事，但所幸我们能做到量化成本。杰基的工作是向业主和建筑公司销售用于修建房屋和社区的砖块，而要想说服这些买家并不容易，原因是砖块比其他建筑材料的价格高。杰基摸索出一个向业主

和建筑公司推销砖块的好方法，方法很简单，她只需要向对方陈述以下事实：

· 砖块比其他材料更保温，因此长远来看能够节省供暖费用。

· 壁板容易磨损，过几年就需要重新更换，但砖块能用一辈子。

· 研究表明，在其他条件相同的情况下，砖房的售价要比板房高出 15%。

· 对建筑公司来说，砖块比其他材料更容易使用和存储。

虽然这些说辞听起来很简单，但整合在一起它们会发挥极大的作用。杰基开始使用成本合理性测算系统后，销售业绩就增加了 25%。而在此之前，由于砖块的价格比其他材料高，杰基的销售一直很艰难。以前业主和建筑公司问到他们为什么要选择价格更贵的砖块时，杰基常常不知道该如何回答，所以她的销售对象仅限于那些真心想要购买砖块的高端房产公司和业主。现在，通过提高产品在客户心目中的价值，她已经有能力雇用两名新员工，并且可以拓展业务规模了。

建筑业的成本合理性测算

以下是建筑业企业量化成本时需要考虑的事项：

· 购置、储存和运输材料的费用

· 人工成本（工资、福利和培训费用）

· 转售价值

· 客户满意度（如果客户不满意,他们会传播不良口碑）

· 设备成本和维修费用

· 延误造成的成本（加班、延期完成的处罚、等待交货浪费的工时）

制造业

虽然客户不总是信任销售人员，但很多时候我们的确能想客户所不能想。所谓旁观者清，正是这个道理。曾经有无数次我试图劝说客户不要做某件事，因为我很清楚那样做会造成损失，但不管我怎么苦口婆心，客户最后还是不听劝告。有时客户真的会一意孤行，他们一旦下定决心就不愿意再听到任何消极后果。但正因为旁观者清，我们销售人员才能为客户创造价值。

让我们来看另外一个例子：洛伊斯在中西部拥有一家摩托车装配厂。该工厂为全国各地的店铺定制摩托车，厂子虽然规模小但是利润丰厚。洛伊斯决定从传统的生产模式转为即时生产系统（just-in-time system）。她认为这样做既能节省仓储成本，又能避免因购买大量无用零件遭受的损失。现在，工厂将不再大量存储零件，而是只在需要的时候订购它们。

作为一个旁观者，我看到了洛伊斯公司转换生成方式背后的隐患。下面是我的一些顾虑：

· 一切进展顺利时，即时生产系统固然有效，但是这种情况很少见。如果洛伊斯要订购的零件在固定供应商处没有库存，那她该怎么办呢？如果等待零件的供应，她就会失去客户的业务。如果从另一家不熟悉的供应商处订货，零件的质量可能会不一样。无论哪种情况，洛伊斯都有可能因缺少所需零件失去客户。

· 越来越多的货物在进入美国时需要接受检查。洛伊斯经常从南美的一家经销商处订购零件。在过去的一年里，发给洛伊斯的集装箱曾三次被海关扣留一个多星期。如果洛伊斯对这种类型的供货产生依赖，那么她就要接受货物被美国海关（CBP）扣押的风险。

· 劳资纠纷是另一个问题。如果工人罢工，港口可能会关闭。此外，飓风或其他自然灾害也是一个要考虑的因素。

· 如果洛伊斯没有一直备着所需零件，那么加班成本可能会急剧上涨。如果出现了上述的送货问题，工厂就必须加班生产摩托车，并且运送给客户。此时不仅公司的加班成本会上升，其整体的生产力也会下降，原因是员工无所事事，等待零件的时间会增加。

· 运输成本很可能会翻倍。为了满足客户的交货要求，刚完成组装的摩托车会不得不连夜运输。

此外，洛伊斯还应该考虑其他的一些事情。切换生产系统到底能为她节省多少钱？目前，她每年会花费大约6400美元的仓储费，原因是工厂没有多余的存放空间。过去的两年里，由于订购了从未使用的零件，她每年损失了8000美元。本质上，通过采用实时生产系统，洛伊斯每年可以节省 1.44 万美元。

采用新的生产模式她可能损失多少钱？洛伊斯估计，她的每个客户（全国各地的自行车店）每年能为她带来 1 万美元的业务。如果由于运输或送货延误，她失去了两个客户，那么该损失将抵消她所有节省下来的钱。这甚至还没有考虑加班费、运费和其他不可预期的费用。那么她更换新的生产系统真的值得吗？与其做出如此重大的改变，她倒不如寻找更便宜的仓储。洛伊斯也还可以找专业人士做内部评估，尽可能少购买不需要的零件。

制造业的成本合理性测算

以下是制造业企业量化成本时需要考虑的事项：

· 人员成本（工资、福利、招聘费用和初期培训费用）

· 安装和设备费

· 培训成本（培训员工熟悉新系统和新设备的资金及时间成本）

· 购置成本

· 延误和停机的成本（运费、加班费）
· 客户满意度（因服务延误导致的客户流失）
· 存储、维护、更换和补充的运营成本

食品加工业

不幸的是，大多数从事采购工作的人都是信奉数字。这些人通常对产品或服务的相对价值不感兴趣，他们只想知道如何让成本最低。我有一位经营土豆加工公司的客户。我管这位客户叫史密斯，他每周会收到数吨的土豆，而他的设备则会将这些土豆加工成炸薯条、波浪薯条和其他土豆制品。史密斯需要购买一批新的土豆切片设备，因此他要求采购专员收集一些提案，然后找到最好的交易对象。卢就是这位采购专员，她搜集了三家公司的提案。

甲公司为新设备及其安装报价20.5万美元，乙公司报价23万美元，丙公司的报价最低，仅为18.5万美元。卢认为相较而言，所有产品的价值相同，因此她决定把订单交给丙公司，原因是该公司的报价最低。三个月后，丙公司为其安装了新产品，但是这台土豆切片机莫名其妙就坏了。史密斯打电话给丙公司，但是对方给出的回复是，技工要两天后才能去他们公司！这样一来，史密斯的工厂只好暂停营业。

史密斯在等待丙公司为其维修设备期间损失了多少钱？史密斯的工厂每小时平均生产 1000 袋土豆制品，每袋商品价值 2 美元。这意味着他每小时会损失 2000 美元的收入。浪费四十八小时后他一共会损失 9.6 万美元。回头来看，史密斯公司购买最便宜的机器是否划算呢（节省 2 万～4.5 万美元）？显然不是，但是除非甲、乙公司的销售人员提出这个问题，否则史密斯和卢又怎么会知道？

作为专业销售人员，你需要向担心产品或服务定价过高的客户提出以上的场景假设。下面是有关该情况下成本合理性测算的一些问题：

· 我的报价和最低报价之间的差异是多少？

· 每小时维持公司运营需要花多少钱？（包括工资、电费、供暖费等）

· 你们公司每小时赚多少钱？

· 如果便宜的机器出了故障，修复它的时间会给你带来多少损失？

· 这家报价最低的公司能否保证在最短的时间内修复故障机器？

· 虽然希望可以给你最优惠的价格，但是我们不能以牺牲质量为代价。这家公司如何能保持这样低的价格？

食品加工业的成本合理化测算

以下是食品加工业企业量化成本时需要考虑的事项：

· 小时成本（每小时的工资、设备成本和利润）

· 安装和设备费

· 外包公司的服务质量

· 外包公司的质量或服务保证

· 运输成本

· 停机成本

· 设备维修成本

· 食品腐败的风险和成本

· 存储、维修、更换和补充的运营成本

客户服务 / 技术支持业

有时碰到能够确认成本的情况只是我们运气好。我的另一位客户丽莎的业务是向美国各地的公司销售手机、寻呼机和其他电信设备。她打电话给一家拥有近 3000 名技术人员的全美电子企业。该公司的技术人员需要往返于站点之间，给客户带去新零件并修复破损零件。他们不仅需要频繁联系孟菲斯的中央调度员，还需要彼此保持沟通。丽莎打电话给该公司的客服副总裁肖恩，询问是否可以商谈购买新电信设备的事宜，肖恩的回复是：“我们最不需要的就是新设备。我们的技术人员已经有太多设备了！”说完他就挂断了电话。

这通电话让丽莎很吃惊，她很想知道到底发生了什么。丽莎决定自己做一番调查，于是她联系了区域经理珍。丽莎向珍询问了技术人员的手机和其他通信设备的使用状况。珍告诉她，技术人员不仅有手机，他们还得携带寻呼机和双向手持无线电话。丽莎简直不敢相信！她向珍询问了这套设备的成本。珍想了一会儿，然后说她估计每个技术人员每年使用这些设备的成本是 750 美元。

丽莎问珍是否认为所有设备都有必要。珍回答："不，当然没必要。我们刚开始用寻呼机是十五年前，当时手机还没流行开。之后有了手机，但是我们也保留了寻呼机，因为技术人员需要接收办公室发来的短信。后来，双向手持无线电话上市，公司也购买了，这样我们就无须支付技术员工的通话费用。"丽莎问珍："如果我能为你提供既有短信接收功能，还能用于双向无线电通话的手机。你会感兴趣吗？"珍回答："当然有兴趣，但是我做不了主。"

和珍的通话结束后，丽莎开始在脑中算一笔账。750 美元乘以全国的 3000 名技术人员等于 225 万美元。丽莎简直不敢相信：该公司每年在通信设备上的花费竟达到了 225 万美元！丽莎的公司用一件设备就能满足所有这些服务，而且每年的费用只要 75 万美元。这样该公司不但每年能省下 150 万美元，而且技术人员的工作也会轻松不少。他们不再需要同时携带手机、呼机和双向手持无线电话，只要拿一部手机即可。想到这里，丽莎再一次拨通了肖恩的电话，但是这一次她有了实在的数据。

客户服务 / 技术支持业的成本合理化测算

量化客户服务/技术支持的成本时,需要记住以下事项:

· 重叠技术（询问客户的现有技术，了解其目前支付的费用）

· 人员成本（工资、培训、招聘和福利）

· 设备和运营成本（技术支持成本包括：办公空间、电话和办公桌等；客户服务成本包括：卡车、油费、技术人员的制服等），以及服务、维修、更换或升级的一切费用

· 错误率（如果技术或客服人员没有接受良好的培训，后果可能会很严重）

· 客户满意度（每个客户的价值是多少，由于价格问题、服务质量差或者不必要的延误，公司每年损失的客户数量）

附录 B
语音邮件和电子邮件的使用

我们很难通过语音信箱或者电子邮件留言的方式向客户提问，但是要做到这件事也并非不可能。利用这些通信服务的最佳方式是使用教育式提问的变体（详见第五章）。

语音邮件的使用

以下是使用语音留言激发客户回应的一些范例：

·“根据《美国医学会杂志》，在医院繁忙的重症监护室，每周会有一例使用呼吸机的病人罹患肺炎，而患者的死亡率也高达 40%。过去的十二个月里，我一直与新泽西州北部的一家医院有业务往来。在那期间，没有一例使用呼吸机的病患染上肺炎。你认为你们医院是否存在这个问题？如果是的话，请致电 ________（你的电话号码）。”

· “你好，我的名字是 ______。上周我在《华尔街日报》上看到一篇文章，该文章声称，毒品测试不是筛选职位候选人的有效方法。但是，目前要求候选人进行毒品测试的公司数量是十年前的五倍。我曾与你所在行业的一家公司合作过，该公司通过简化招聘流程、提高员工留存率节省了 500 万美元。你的公司存在这种问题吗？如果是的话，请致电 ______。”

· “据《新英格兰医学杂志》报道，败血症是易感人群患有的一种血液感染疾病，其患病致死率一般高达 42%。我们正在与一些临床医生合作，这些医生能够让死亡率降低一半。你们医院是否存在败血症问题？如果是的话，请致电 ______。”

· “你好，我的名字是 ______。最近我在《美国新闻与世界报道》上看到一篇文章，该文章指出目前 75% 的高科技企业将客户业务移到了海外。就此企业面临的一个重要挑战似乎是，如何克服语言障碍，解决客户与新客服的沟通难题。目前与我公司合作的一位客户就已经解决了这一问题，过去的十二个月里，该客户通过我们的服务将其客户保留率提高了30%。你是否遇到了同样的问题？如果是的话，请致电______。”

以下是一些可以帮助你按照自身情况设计教育式提问的模板，你只要在空白处填上所需信息即可。

· “你好，我的名字是______。近期我无意中发现了一些你可能会感兴趣的信息。在阅读××行业杂志时，我了解到______。你们公司是否也受到了该问题的影响？对此，我们有一些解决方案。请致电______。”

· “你好，我的名字是______。我了解到有些待立法案可能会影响到贵公司。我说的这个法案是______。贵公司是否对此已经拟定了应对计划？你们行业已经有超过______（企业的数量）家企业向我方寻求了解决方案。”

· “你好，我的名字是______。今天早上我在______读到一篇文章，该文章指出______。但是，我的客户对此有不同的经验，我想知道就此问题你们公司的经历如何？”

电子邮件的使用

以下是使用电子邮件激发客户回应的一些例子：

·“我写这封邮件给你是因为我公司在______行业的业绩突出。我们能够以更快的速度为客户提高利润，将新产品推向市场。我知道你工作繁忙，通常不愿意听销售宣传，因此我自认为我们的成功能说明一切。以下是我们公司收到来自X公司的感谢函，信中详述了他们在使用我公司系统后取得的巨大成功。（X公司是行业领导者，这将激发潜在客户对你的信任。）如果你有兴趣深入了解我们的服务，请致电______。”

·“今天早上我在《华尔街日报》读到了一篇我认为你会感兴趣的文章。该文章引述了一位业内人士的观点，即专营财产和意外伤害保险的公司在未来五年应该会实现创纪录的增长。无论如何，我只是想知道你是否看到了这篇文章，你对它又有什么看法。目前我们合作的企业已经实现了两位数的增长。如果有机会，你可以回信或者致电______。我可以和你分享一些想法。谢谢！”

·“就在今天早上，我在《华盛顿邮报》看到的一篇文章提到，大型企业的员工每天上网处理私事的时间平均为两小时。你是否在寻找提高生产效率的方法？我们公司的产品曾帮助数家大型企业解决了这一问题。如果你有这方面的需求，请致电 ______。”

·“我写这封邮件是因为，今天早上我阅读一篇文章时想到了你们公司（文章内容详见附件）。这篇出自《美国医学会杂志》的文章引用了一项对比多家制药公司销售实践的研究。该研究发现 ______。贵公司是否遇到了同样的问题？我们目前正在与多家制药公司合作，经过我们的不懈努力，客户的销售额平均上涨了 15%。”

·“据《华尔街日报》报道，每年因为医疗事故死亡的病患超过 22.5 万名。我们在全美范围内与 100 多家医院一直有合作。过去的十二个月里，通过使用我们的产品，这些医院的医疗事故减少了 40% 以上。贵公司是否有意愿解决这一问题？如果有，请致电 ______。”

以下是一些在邮件中创建教育式提问的模板：

·“我写这封邮件是因为近期我读到了一篇关于 ______

的文章，我认为你会对此感兴趣。该文章提出 ______。你是否关心这一问题？如果是的话，我们能为你提供一些方案。”

·“我在附件中添加了一篇我认为对你会有帮助的文章。该文章指出 ______。我认为这种趋势 / 这项法规 / 这一人口统计资料为你们公司提供了一个机遇。你是否想要抓住这个机会呢？如果你愿意联系我，谈谈把握该机会的方法，请致电 ______。”

·“我写这封邮件是因为我们公司在贵行业取得了巨大成就。在此我附上一封 ______ 公司总裁 ______ 的来信。在这封信中，他对我们公司的计划所取得的巨大成功赞不绝口。在过去的十二个月里，我们公司已经为他节省了 300 万美元。贵公司是否也想简化该领域的流程？如果你有兴趣详细了解我们的服务，请致电 ______。”

附录C
制订行动计划

虽然我已经向你提供了很多信息，但是你可能还很难想象在电话销售中运用本书介绍的方法会是什么样子。很遗憾，我不能到现场向你展示我的销售方法，为此我只能退而求其次，也就是把它写出来。在接下来的内容中，你将读到一个电话销售的全部场景，此例从头到尾涵盖了本书介绍的所有提问方式。我选取了一个医药行业的例子，原因是许多客户告诉我，这些年医药行业发展势头迅猛，但其销售门槛往往很高。如果不从事这方面的业务，也请你不要担心。为了重点讲述销售人员与客户沟通的方式，我在此省去了许多行业术语。在阅读此例时，请注意销售人员采用的销售技巧以及完成此次销售所需要的毅力。

销售员萨曼莎

萨曼莎的业务是向医院和其他病人护理机构销售手持电子医疗设备。萨曼莎的产品 MedInfo 2000 能够让医生和护士随时查看患者的病例，有关患者的不良药物反应和最新治疗方案的参考信息。MedInfo 2000 能够让医院同步患者的信息，从而节省宝贵的治疗时间并将诊断失误率减少10%。该产品还能为医生提供最新的医疗信息，以供更好地治疗患者。

过去的手持设备既体积大又不可靠，而 MedInfo 2000 则质量轻、准确性极高。过去医院使用纸质记录时，任何可以进入医院病房的人都能看到病患的信息，但是有了萨曼莎的产品，医院就可以消除纸质记录，从而保护患者的隐私。此外，MedInfo 2000 还具有密码保护功能，只有经过授权的人员才能查看机密信息。

萨曼莎必须克服几个问题才能完成一笔业务。其中最大的问题之一是产品很复杂。萨曼莎经常要花好几分钟向客户解释 MedInfo 2000 的功能，但是等她说完大多数客户早就失去了兴趣。萨曼莎必须面对的另一个问题事关产品的初始成本。在中等规模的医院设置 MedInfo 2000 系统的成本通常会超过 30 万美元。这笔资金既要用于创建一个安全计算机网络供整个医院使用，还要为医院的全体员工购买手持设备。听到如此高昂的价格时，大多数底层管理人员或采购专员都望而生畏，为此萨曼莎必须让他们信服该系统的优势。一旦萨曼莎列举出该产品的好处，大多数医院就会接受初始价格，这里最难的地方就是如何迈出销售的第一步。

第一天：萨曼莎与会计部经理的会谈

今天，萨曼莎打电话给格林维尔医院，这是位于大城市郊区的一家中型医院。萨曼莎知道该医院一直以来都在试图改变形象、扩大市场份额，但是其周围都是声名显赫的大医院，这成了该医院成功不可逾越的障碍。萨曼莎希望该医院的员工可以将她的产品看作是一次良机，而非只是一笔费用。

萨曼莎首先打给了医院会计部门的经理，此人是医院网站上列出的联系人。下面是他们的对话：

萨曼莎：早上好。你今天过得怎么样？

经理：我很好。有什么我能为你效劳的吗？

萨曼莎：我打电话是想和你谈谈世界一流的医院都在使用的一款产品。这款产品是 MedInfo 2000。你之前听说过吗？

经理：不，我没有听过。那是什么？

萨曼莎：MedInfo 2000 是一款手持电子医疗设备，它可为患者保存电子档案，并且向医生和护士提供参考材料及最新治疗方案。

经理：这很有意思，但是我敢说它肯定不便宜。（现在销售人员需要对情况做出评估，判断该经理对产品感兴趣的程度。）

萨曼莎：我知道大家都担心价格问题，但是有时收益大于成本。为了更好地了解你的情况，我想问你几个问题。医院在考虑购入新产品时，一般的评估流程是什么？

经理：这么说吧，当下医院没有评估或批准任何新的采购项目。过去的三四年里，医院的利润越来越小，因此“当权者”宣布要暂缓采购。我们也不能违背上级的指示。

萨曼莎：好吧，感谢你百忙之中接听了我的电话。我真的很感激。

销售人员通过审核问题意识到，当前此人没有做出购买决定的权利。此外，他可能对医院日常运营的了解也不多。萨曼莎决定不能把时间浪费在中层管理人员的身上，因为这些人被上级勒令要缩减开支。相反，萨曼莎把注意力放在了医生和护士身上——毕竟这些人才是最终使用产品的人，并且希望他们能够引起医院高层的注意。

萨曼莎打电话给医院指南，询问了护士长的姓名和联系电话。得到信息后，萨曼莎拨通了对方的号码，但是电话直接转入了语音信箱。萨曼莎知道护士长都会接到数十通电话，因此她努力做到让留言内容令人难忘：

你好，卡琳。我是MedInfo公司的萨曼莎·福克斯。今天我打电话是想谈一个现象，就是护士把一半时间花在了处理行政事务上，他们本该用这些时间去服务病患。在我们的帮助下，超过25000名护士的工作量平均减少了

40%，因此我想与你讨论下如何通过我们的产品减轻你的负担。如果你有时间可以打给我，我们进一步探讨这个问题。我的电话号码是555-555-1212。谢谢！

虽然萨曼莎只留下了一条简短的信息，但是这却激起了卡琳的兴趣。卡琳想知道："真的存在能让我生活压力更小的方式吗？天哪，希望如此！"于是她决定第二天早上打电话给萨曼莎。

第二天：萨曼莎与护士长的会谈

第二天早上9点，萨曼莎接到了护士长卡琳的来电。萨曼莎认为卡琳不会像会计部经理那样注重预算和开支。根据萨曼莎以往的销售经验，通常护士长关心的是确保护士满意（内部客户）、患者安全（外部客户）。如果能成功把对话引到这个方面，萨曼莎相信她会让卡琳成为自己的盟友。以下是二人的对话：

卡琳：你好，萨曼莎。我是格林维尔医院的护士长卡琳。我昨天收到了你的留言。

萨曼莎：卡琳，非常感谢你能回复我的电话。正如我昨天在留言中说的，我们 MedInfo 公司帮助 25,000 多名护士摆脱了繁重的文书工作，因此他们才有时间做自己喜欢的工作内容，为病患提供优质的护理。我不知道我们的产品是否匹配你的需求，但是为了弄清这一点，我能问你一些问题吗？

卡琳：好的，你问吧。

萨曼莎：我们合作的很多专业护理人士抱怨，他们 50% 的工作时间都用在了处理文书和留存记录上。近期《美国新闻与世界报道》的一篇文章也强调了这个问题。你是否看到过这篇文章呢？这是否也是你想解决的问题？（销售人员在对话的开始抛出了一个出色的教育式问题。）

卡琳：不，我没有看到这篇文章，但是，你说的没错，我也认为护士把一半时间花费在了文书工作上。这简直太浪费时间了！（通过客户回答这个问题的方式，销售人员能够判断出她的提问正中要害。一旦出现这种情况，销售人员能够立即与客户建立良好的关系，原因是客户愿意开口发泄她的不满情绪。）

萨曼莎：护士要花这么多时间处理文书工作，你是否担心这会影响他们对患者的护理呢？（这个问题很好地跟进了客户说的话。）

卡琳：我真的很担心。我知道我们的护士工作能力出色，对待病患也全心全意，但是似乎过去的几年中我们变得捉襟见肘。十五年前我刚开始做护士的时候，一般都是一个护士负责六名患者。但是现在每个护士既要负责十二名患者，还要完成更多的文书工作。保险公司和新的隐私法要求每个患者都要随身携带一堆文件——而这些文件都必须由护士填写。我们的护士很累也很沮丧。

萨曼莎：听上去你似乎由于这个原因失去了很多护士。我知道全国范围内护理行业的离职率都很高。格林维尔医院的情况如何呢？（销售人员再次跟进谈话的内容，就客户所述的话题，提出了问题。）

卡琳：这么说吧，全国平均的离职率是 15%，但是近两年来我们的离职率达到了 20%。这让人十分遗憾，由于超长的工作时间和繁重的日常安排，我们失去了一些优秀的护士。（销售人员发现了客户的一个动机：让内部客户满意——此处内部客户指的是护士。）

萨曼莎：医院失去一些优秀的护士后，是不是很难找到接替者?

卡琳：确实是这样。且不说目前全国范围内护理人员的短缺，即使找到了新的护士，我们也要花好几周的时间向他们培训医院的流程及文书的填写规范。这意味着另一个护士必须抽出她照顾患者的时间来培训新人。

萨曼莎：这对患者有什么影响?（销售人员提出了外部客户的话题。）

卡琳：我们的护士对自己的工作非常擅长，他们尽可能地想为病患提供最优质的护理。但是，如果护士同时要做这么多事情，他们的服务就不一定能让患者满意。我觉得这是我的失职。作为护士长，我应该是他们的管理者和激励者，但是我觉得要保持乐观并非易事。（很明显，客户需要借助某些方式改变她的处境。现在终于到销售员谈论产品的时候了。）

萨曼莎：卡琳，我相信你也知道世上没有让问题消失的魔法。但是，我确实有件产品，我认为它能对你有所帮助。这件产品是MedInfo 2000，它是一种手持电子医疗设备，可以保存患者的病例，并且为医生和护士提供参考信息及最新治疗方案。这些设备就像小型计算机一样，既可以彼此之间通信，也可以存储信息。

卡琳：萨曼莎，你的产品听上去很有意思，但是它要怎么帮助我呢？

萨曼莎：MedInfo 2000使用了一个公共网络和服务器，患者病例中的所有信息会自动更新。这消除了患者重复用药、用错剂量，或者没有用药的风险。手持设备还能为护士和医生提供关于不良药物反应、不同身高体重患者的正确剂量，以及最新治疗方法的即时参考材料。同时，还有一个程序允许使用者在输入患者的症状后，查看可能的诊断结果。过去的一年里，萨默维尔医院一直都在使用这项技术，他们的患者护理工作得到了显著改善。

卡琳：哇！你们和萨默维尔医院有合作？那你们公司一定很厉害。尽管我不能完全理解你说的这个系统，但是似乎它能够为我们的护士节省许多时间，并且还能确保患者的安全。你知道吗？我真的很想让你来医生委员会谈谈这个问题。他们每周三有例会，也就是明天他们要开会。如果我能安排妥当，你能否过来参加呢？

萨曼莎：当然了，我非常愿意。你认为他们想听到哪方面的内容？（销售人员想确保她的信息符合她即将见到的这群人的需求。）

卡琳：我认为医生会对你提到的特殊功能感兴趣——尤其是它能提供有关不良药物反应和治疗方法的最新信息。另外，大多数医生也知道他们的字迹潦草，因此我认为他们会采用一个能够消除需要手工填写文书的系统。由于保险费率激增，我们的医生也担心出现医疗事故诉讼。因此，任何能够帮助他们避免诉讼的事情肯定会很有优势。（销售人员发现这些客户既关注外部客户，也在乎自己的职业发展。）

萨曼莎：好的，非常感谢你卡琳。我会等你电话告诉我关于明天会议的细节。

第三天：萨曼莎与医生委员会的会谈

卡琳打电话告诉萨曼莎，医生例会将于第二天中午在医院休息时召开。尽管卡琳事先已有安排，无法出席会议，但是她同意萨曼莎引述她前一天表达的一切评论和担忧。萨曼莎来参加会议，准备与对方进行交易。

经过一番寒暄之后，萨曼莎简要介绍了她的公司，她的开场白是：

萨曼莎：我要感谢诸位能够同意和我见面。我不愿占用大家太多的时间，但是我想了解你们所关心的主要问题。你们能否分享一下对格林维尔医院目前病历系统的满意程度？

医生甲：我想说大家并不满意。现在我们是电脑和纸质文件相结合，一个系统中的信息通常在另一个系统会丢失。就个人而言，我讨厌填写这些文件，原因是它们似乎既多余，又浪费时间。作为医生，我觉得我们更愿意把时间花在患者身上，而不是一式三份地填写文件。

（医生们发出了同意的声音。）

医生乙：除此之外，我担心有一天医院会出现严重的错误。医院里有形形色色的人——医生和护士，更别说还有护理员，这些人都要接触患者，我担心会出现沟通失灵的情况。如果我开完药，告诉了一个护士，但是可能她比较忙，她就把这件事交给了另一个护士。这倒也没什么，这种情况很常见。但是如果第二个护士听错了说明，并且给病人拿错了药或拿错剂量该怎么办？我可不想为这样的事负责。

（医生们都点头同意。）

萨曼莎：所以，如果我没有听错，你们都希望减少文书填写工作，改善与医院其他工作人员的沟通体系。如果是这样的话，我可以向你们保证，我有一款产品可以帮到大家。（萨曼莎继续向医生们介绍了 MedInfo 2000，并且重复了她向卡琳提过的产品优势。这个新系统的用途让医生们异常激动，在与萨曼莎会谈后，医生们表示会全力支持她。主任医师联系了院长的秘书，为萨曼莎安排了两天之后与院长的见面。）

第四天：萨曼莎收集并调查了格林维尔医院的情况

在与格林维尔医院院长重要会谈的前一天，萨曼莎知道她的产品能够真正帮助这家医院以及他们的员工和患者。她知道 MedInfo 2000 带来的变化可能会让格林维尔医院上一个新的台阶，让它与该地区的其他主要医院（比方说萨默维尔医院）达到同一级别。

萨曼莎决定综合她从护士、医生，甚至会计部经理处得到的所有信息，为她与院长的会谈做好充分的准备。她将自己发现的一些事实和数据进行了归类：

· 格林维尔医院护理人员的离职率为 20%，这比全国平均水平高出 5%。

· 医院有 500 名在职的护士，这意味着每年他们会失去 100 名护士。根据卡琳的说法，离职主要是由于员工压力大、挫败感强，而这是由组织管理不当和沟通不畅造成的。

· 招聘和雇佣新护士的成本是 10000 美元。

· 医生担心沟通不畅和记录有误可能会导致更多的医疗事故诉讼。这家医院已经卷入了三起耗时冗长、花费高昂的诉讼，目前已无力承担更多的诉讼。

· 根据公共记录，格林维尔医院的误诊率为 4%，这意味着每年医院会出现 2 万个误诊病例（医院每年接待 50 万患者）。

· 格林维尔医院是全国所有医院中保险报销比例最低的医院之一。持有保险报销记录的保险协会告诉萨曼莎，由于记录保存不善，格林维尔医院只有73%的账单得到了报销。全国大多数医院的平均报销率至少为85%，而有些医院则高达90%。

在与卡琳和医生们谈话之后，萨曼莎又找到了会计部的“老朋友”。（尽管刚开始的时候这个人不愿意帮助她，但是她并没有断绝和对方的往来。）萨曼莎请求对方估算每年因记录不当核销的金额。对方表示，每年的损失将近500万美元。

第五天：萨曼莎与院长的会谈

萨曼莎知道，在与医院院长黛安交谈时她不能退缩。MedInfo 2000每年能为格林维尔医院节省数百万美元，并且确保患者得到最好的护理。现在萨曼莎必须要做的就是，让戴安信服这40万美元的最初投资非常划算（格林维尔医院没有良好的网络可接入使用，因此系统必须从头开始创建)。萨曼莎知道，在这个阶段，大多数客户主要关心的是，如何带领公司更上一层楼，击败竞争对手并且节省资金。

经过几分钟的寒暄，萨曼莎开始直奔主题。她与黛安分享了上周了解到的所有信息，包括医生和护士对患者的担忧，以及由于记录保存不善医院每年的大笔损失。戴安对萨曼莎收集信息和揭示问题的能力印象深刻。听到萨曼莎对医院现状的评估后，戴安也分享了自己的沮丧。她提到自己想要变革，但是又害怕医院里的其他人（例如医生和护士）会抵触变革。现在戴安知道员工和她有着很多相同的忧虑，她也知道现在变革的时机已成熟。萨曼莎为戴安提供了展望未来的机会，让她想象问题解决后，她本人和医院会发生什么变化。

萨曼莎：如果你能够解决医院沟通不畅和记录无序的问题，这些问题每年至少会让你损失 400 万美元，你认为这会对医院有什么影响？（此愿景式问题能够让客户关注产品为整个组织带来的好处。)

戴安：如果我们做到了，那么医院就能获得崭新的医疗技术和杰出的医生，同时也就不必每月勉强维系经营了。

萨曼莎：如果你可以去医院的董事会，告诉他们你每年不仅能为医院节省400万美元，还能提高医院在该区域的声名，这对你会意味着什么？（第二个愿景式问题强调了变革对客户本人而非公司的影响。）

戴安：那样我就不必担心我会被某些利欲熏心的商人代替。我是一名医生，在从事管理之前我有二十年的行医经验。我知道如果没有优秀的医生和护士，医院就无法出类拔萃，但是董事会一直向我施压，要我换掉一些出色的医生，原因是他们的薪资很高。既然现在我能告诉他们，我们将为医院节省数百万美元，那么我认为大家在工作时会更有安全感。（这个答案揭示了客户害怕失去工作，也害怕失败，因为她也有失去员工的风险。）

萨曼莎：戴安，听到你这么说我很高兴。在你的职责中，关注大局是很重要的一点。让我们畅想三年后的场景，到时候你想要达到哪些职业目标呢？

戴安：我希望自己不用为医院的预算发愁，能够把注意力放在吸引最具创新精神的医生，以及采购最优质的医疗技术上。实际上，我希望格林维尔医院能够取代萨默维尔医院成为领军者。此外，如果三年后我终于能有时间休假，那就再好不过了。现在，我们先谈一下合同吧……（利用这个问题，销售人员帮助客户克服了她的恐惧，激起了她的欲望。客户现在看到了销售人员和公司未来成功之间的联系，同时也看到了公司未来成功对她本人的影响。）

你可能想知道，为什么在交易已有眉目的情况下，销售人员还要继续提出愿景式问题。在你的商务生涯中，仅仅达成单一、缺乏远见的销售还远远不够。更好的做法是与客户培养关系，成为客户的合作伙伴，并且帮助客户渡过难关，走得更远。萨曼莎和戴安因格林维尔医院的未来及戴安的地位产生了情感，而这份情感将继续转化为忠诚和信任。此外，这些提问让销售人员了解了客户需求的根源。只有通过真正了解客户和她的处境，销售人员才能满足每个人的需求。这样一来，销售人员不仅能在一开始就给出符合客户需求的答复，还能确保她与客户的关系在合同签订之后还可以继续维持。